建てる前に読む！

絶対にしくじらないハウスメーカー選び

ホームインスペクター・一級建築士
市村博
市村崇

廣済堂出版

はじめに

日々、中立な立場で家づくりの現場に立ち会い、検査し、正すべき点を指摘する仕事、これをホームインスペクションと言いますが、「住まいと土地の総合相談センター」を拠点に、それを仕事にしている市村博と市村崇です。

私たちのこれまでの拙著を読んでいただいた皆さんは、テレビCMなどでよく目にするハウスメーカーの実態、そして、家づくりの現場がどんなものであるかを多少なりとも知っていただき、その実態に驚かれたかもしれません。

家を建てる、家を買うというのは、一生に何度もないであろう大金をつぎ込む大事業です。であるにもかかわらず（というか、何度もないことであるからこそかも知れませんが）、家づくりについてよく知っている、よく勉強しているという方はほとんどいません。

大金を支払う消費者の側が、これから買おうとしている商品についての知識がほとんどない。

つまりは、これが家という商品の大きな特徴と言ってもいいのかもしれませんが、もしそうだとしたら、恐ろしいことが起こる可能性があるのは、むしろ当然のことなのです。

売る側に悪意がある場合（モラルの欠如）は言うまでもありません。悪意とまでいかなくとも、良い商品を提供する技術力（設計や施工スキル）が不足している場合でも、そのことに消費者の側が気づかない。だから、欠陥商品に大金を支払ってしまい後悔する人が後を絶たない。そういうことになるのです。

本書では、主にハウスメーカーと呼ばれる大手11社を取り上げ、その実力がどれほどのものかを探っていきます。

これまでの本と違うのは、各ハウスメーカーのより具体的な検証です。

各ハウスメーカーがパンフレットやホームページで謳っていることが、一体どういう意味なのか。また、そこで言っていることは、実際の家づくりの現場において本当に実現されているのか、といったこと。たとえば、

「鉄骨メーカー4社、ツーバイフォーメーカー3社の違いはどこにあるのか？」

「○○工法と言っているものはどんなものなのか？」

「みんな最高の耐震や断熱性能を謳っているのに、評価に差が出るのはなぜなのか？」

こうしたことを具体的に説明していきます。

また、最初の窓口になる担当営業マンの優秀な人にどうしたら出会えるのか？　気をつけなければいけない営業トークの罠とは？　など、施工に入る前の重要ポイントについての対処法も具体的に伝授いたします。

はじめに

市村博がハウスメーカー20社の実際の生データを集め、『間違いだらけのハウスメーカー選び』という本で、ハウスメーカーの実態を初めてレポートし、思いもよらない多くの反響をいただいたのが2001年のことですから、それから17年が経過しました。

それだけの月日が経ったにもかかわらず、ハウスメーカーを中立な立場で評価する本は、私たちのほかにほとんど出ていません。飲食店や家電などをプロが評価する本やホームページは世に溢れているというのに、これには、私たち自身がとても驚いています。

これが何を意味しているかは、賢明な読者の皆さんはお分かりのことと思いますが、ゆえに、いわばブラックボックスの中にあるのが、家づくりの世界だということだと思います。

消費者の皆さんが懸命に働いて貯めた大金で夢や幸せを買おうと思う。だからこそ、家をつくる側は、それに応える義務がありますし、その重責を担う誇りも生じるはずです。

そのような、あるべき家づくりの現場に、この本を読まれた皆さんの家づくりが少しでも近づくよう願っております。

2018年8月

市村　博
市村　崇

CONTENTS

目次

建てる前に読む！

絶対にしくじらないハウスメーカー選び

大手11社徹底解剖！

Chapter 1

ハウスメーカーの正体

Chapter 2 契約までのサクセス・ポイント

Chapter 3

工法別 大手ハウスメーカーのここが知りたい！

大手ハウスメーカーへの素朴な疑問④

Chapter 4 ハウスメーカー11社の「選ばれる理由」

Chapter 5 それってホント？ 競合メーカーへの営業ネガティブトーク集

袋とじ!

ハウスメーカー別リアル情報!

「実際に建てた人」へのアンケート
&
「実際にインスペクションした家」の実例

Chapter 1

ハウスメーカーの正体

積水ハウス、ダイワハウス、住友林業……「ハウスメーカー」の存在は誰でも知っていますよね？

でも、大量に家を建てて売るハウスメーカーは、昔からあったわけではないんです。

じゃあ、ハウスメーカーはなぜ現れて、どんな歴史をたどり、今、どういう状況にあるのか。

ハウスメーカーはどういう商売で、家づくりに対しどういう考え方を持っているのか。

消費者がハウスメーカーとうまく付き合うにはどうしたらいいのか。

裏の裏まで知り尽くした二人に、まずは語ってもらいましょう。

Q ハウスメーカーはいつからあるの？

A 1976年の「ハウス55計画」がスタートです。

崇　この本では、大手ハウスメーカーが具体的にどういう家づくりをしているのか、という点を、メーカーを比較しながら読者の皆さんに分かりやすく説明していこうと思っています。

ただ、その前に、「ハウスメーカー」ってそもそも何なの？　とか、どうやってビジネスが成り立っているの？　というあたりを最初に少しだけお話ししようと思っています。

私は20代の頃、大手ハウスメーカーにいたわけですが、昔、会社の研修で習ったハウスメーカーの歴史というのがあって、一番初めはダイワハウスのミゼットハウス。4畳半とか6畳の子どもの勉強部屋という発想ですが、規格を決め、工場生産したパネルを組み立てるプレハブ工法の元祖と言われています。

これが半世紀前の1959年の話ですね。そこから積水ハウスやミサワホームが同じようなものを研究開発していったのがハウスメーカーの黎明期。その後、1964年に東京オリンピックがあって、日本の高度経済成長が極まっていくあたりから、工業化住宅というものが国家プロジェクト的に計画されていった。

ミゼットハウス

それが、1976年に旧建設省と通産省が立ち上げたプロジェクトだったわけですね。

博 そう、「ハウス55」（新住宅供給システムプロジェクト）。延床面積100㎡で500万円台という住宅を大量供給できる生産システムを、1980（昭和55）年に実現することを目標に掲げた。

それまで一戸建ての家は、地場の大工さんがコツコツつくっていたわけです。でも、それでは供給が間に合わないと。というのは、当時は今と逆で日本の人口がどんどん増えていくし、高い経済成長率でみんな少しずつ豊かになっていく。

そうすると、当時は借家住まいの人も多かったけれど、そういう人も少しお金が貯まると、持ち家が欲しくなる。そのニーズに500万円台で供給できる工業化システムを構築して応えていこうという国のお達しが出たわけです。

Q なぜハウスメーカーがたくさん誕生したの？

A ハウスメーカーの原点は「質よりも量」なんです。

崇　1980年は昭和55年なので「ハウス55」。これがハウスメーカーの走りですね。

博　営業して住宅を売るという形の企業化された住宅販売会社は、戦後すぐからいくつかありました。多くは割賦販売で、住宅ローンの走りですよね。銀行ではなくて、ハウスメーカー自身が提携ローンでお金を貸して回収していく。たとえば殖産住宅がこの方式でした。これとプレハブの二本立てがハウスメーカーの歴史ではないですかね。

崇　なるほど。ハウスメーカーは需要の増加が見込まれる時代にあって、国策的に「とにかく建てろ、建てろ」という話から始まったと。つまり、そもそもの出発点が質よりも量に比重があったと。それを後押しする「ハウス55」プロジェクトもあって、各社が手を挙げ始めたということですよね。

博　そういうことですね。三井ホームが日本に持ち込んだツーバイフォー工法も「ハウス55」の2年前の1974年にオープン化工法になって歴史が始まります。

1970年代からいろんな会社が旗揚げして、本格的にハウスメーカーの時代が始まるわけですが、当初、一番名前を売ったのはナショナル住宅（現パナソニック ホームズ）でしょうか。「♪家をつくるなら〜」のCMがあったでしょう。その後は積水ハウスの「♪家に帰れば〜」。

崇 1955年からいわゆる公団住宅、2DKを基準とする共通仕様が出てきます。そこにステンレスキッチンとか換気ファンとか玄関ドアとかも規格化・標準仕様化されてミックスされた。ハウスメーカーの製品規格もこれが原点にあるということですよね。

博 住宅・都市整備公団（現在は都市再生機構に移管）の前身の日本住宅公団ですね。これで、従来の日本家屋から団地型住宅へという流れができ、三世代の大家族から核家族へと日本人のライフスタイルも変化していきました。

Q 洋風住宅が広まったきっかけは？

A 団塊世代の洋風ブームです。

崇 「ハウス55」で、できる限り簡素化・規格化されたものにして安く供給しようと言われて、ハウスメーカーは大量供給のビジネスモデルを作ってきた。ただ、豊かな時代になると個人のニーズはそれでは収まらない、それだけでは売れないから、ハウスメーカーもいろんな差別化をし、対応していった。

奇しくも「ハウス55」で名前を上げたのがミサワホームと小堀住研（今のヤマダ・エスバイエルの前身）。この2社が真っ先に住宅事業がうまくいかなくなったというのも、皮肉な感じがします。現在、ミサワはトヨタの傘下だし、エスバイエルはヤマダ電機ですから。

博　とくに団塊の世代、今の70歳前後の人たちが家をつくろうと思い立った時代は、まだ右肩上がりの時代で需要はたくさんあった。ただ、団塊の世代は人と違うものが欲しいという人たちなんだと思います。だから画一化されたものでは満足できない。そこが一つの住宅メーカーの別れ道だったと思いますけどね。

それまでは大工さんがコツコツ作った和風テイストの家がほとんどだった。それがハウスメーカーが登場してからは、和洋折衷っていうような日本独特のものになっていく。一方、本当の洋風住宅というのは、三井ホームがアメリカからデザインを持ってきた「コロニアル80」。業界ではコロッパチって言っていましたけど、これが1980年に出て、すごいインパクトを与えたんですね。それで一気に洋風のデザインが、いろんなメーカーに伝染していった。

コロニアル80

崇　輸入住宅が一時期流行りましたもんね。

博　あの当時、「コロニアル80」を初めて見たら、気恥ずかしくて、こんなの建てられないっていう人が多かったんですよ。だけど、1年ぐらい経ったら団塊の世代がみんな飛びついて、そのデザインがどんどんアレンジされていくんですね。

崇　今は当時と違って人口も右肩下がりだし、かつてのような経済成長も望めない。家を買ってとにかく家族で住めればいいやという価値観でもなくなった。初めて家を建てる30代とかの人たちは物欲があまりないし、年収もそんなに高くない。だけど家は欲しいと。

それでローコストとか分譲とかシンプルとかいった、どちらかというと昔の「ハウス55」に近い家のほうがいいという人が増えてきていると思います。

そういう時代になると国の政策もスクラップ＆ビルドではなく、昔のように一度建てたものを長く使っていきましょうと、量より質にまた戻ろうとしていますよね。

だから、大手ハウスメーカーもやっぱり苦戦し始めている。ここから先は、どこが生き残るかとか、どういう方向性になるかっていうのは、読み切れないですよね。

Q ものすごくローコストなハウスメーカーがありますが……。
A ハウスメーカーも格差社会を反映しているんです。

博　若い人がそういう指向になった原点は、長期低金利ですよね。お金を借りても金利が安いということ。かつては都心から50㎞圏ぐらいまでの建売住宅が隆盛だった。でも、やっぱり遠いから疲れちゃうと。だったら、50㎞離れたところに良い家を建てるのはやめて、家の質は落ちても東京に近い所に住みたいと。
考えてみると、所得が少なくても低金利だから、自分が借りている家の家賃を払うのと同等の額でローン返済ができちゃう、家が買えるのが今の時代。それに合わせてハウスメーカーも二極化しちゃっていますよね。

崇　大手は二極化のアッパー層のほうにどんどんシフトしている。積水ハウスやパナソニックホームズも、坪単価１００万円～１２０万円ぐらいの木造住宅を発表し始めていますよね。

博　中間がなくなった感じですよね。１０００万円そこそこの家と、６０００万、７０００万とか。昔は２０００万～５０００万ぐらいの家が一番多かったけど、今はそこがすごく減った。だから工務店の経営者は、どちらをチョイスするかと頭が痛いと思います。

崇　さて、ざっと歴史を振り返ったのは、ハウスメーカーにはこういう流れがあるんだよって認識しておくと、いろんなことが見えてくるからです。

　まず言えるのは、ハウスメーカー各社は、いろんなことに対応できますとか、こんな差別化をしていますと言っていますが、やはり「ハウス55」が原点にあるので、現場の細かい部分の対応までは考えられてないですよね。

Q　ハウスメーカーは家をつくっている会社ですよね？

A　いいえ、ハウスメーカーは家を建ててはいません。売っているだけです。

崇　昔、大手ハウスメーカーの技術部門のトップにいた上司が、「マックは衝撃だった」とよく語っていました。どの店でハンバーガーを買っても、同じ値段で同じ味。工業化住宅の行き着くところは、ああいうところだよねっていうのをよく言っていました。

博　ハウスメーカーに限った話ではないけれど、チェーン展開するには、商品を絞って画一化し、作業をマニュアル化して、値段をそこそこにしてというのはどうしてもある。そういうハウスメーカーで後悔しない良い家を建てようと思ったら、建てる側もある程度勉強したり、賢く対応しないといけないということになってきますよね。

崇　一般の方はハウスメーカーというと、家をつくっている会社と思うかもしれませんが、実は家を建ててはいませんよ、建てているのは外の職人さんですよって、僕らはよく言うわけですけど、そこにつながっていくわけですね。

博　壁のパネルとか柱や梁といった部材とか、そういうものは工場でつくっているかもしれないけど、家そのものはつくっていない。だから、家づくりの現場知識が不足している人が多いのは確かです。

Q ハウスメーカーによって材料費は違う？

A 各部材の値段はブラックボックスです。

崇　読者の皆さんが素朴な疑問として思うのは、住宅展示場なんかでモデルハウスを見て、見た目で気に入ったものがいくつかあったと。でも聞いてみると、こっちの家とあっちの家で値段がだいぶ違うということがある。その違いがよく分からないということだと思います。

博　まず、家の値段の構成要素というのは、大きく3つなんですよ。管理費と部材費、それから工賃ですよね。その3つの丸が、A社は工賃が小さい丸で管理費が大きい丸、B社はその逆だといったバランスは会社によってだいぶ違ってきます。

部材の仕入れ値や利益の乗せ方も会社によって違います。便器一つとっても、便器メーカーのある商品の値段が何種類もあるんですよ。たとえば年間20棟建てている工務店には15万円で卸す便器も、○○ハウスなら8万ぐらいでいいよってなっちゃう。数が全然違うから。それはもうどの部材もそうです。定価なんてあってなきが如しで。

崇　だから建築業界では、卸しの業者さんが幅を利かせていますよね。メーカーの商品をその会社から直接は買えない。問屋や代理店を経由して買わなきゃいけないから。

卸値はブラックボックスの世界で、ひどい場合には建材なんか定価の4分の1ぐらいで入るケースもある反面、人気商品は75%が目一杯ですというのもある。そこに着目して商売しようとしているのが、問屋さんがらみのリフォーム会社。衛生設備品なら安く仕入れるルートがあるから、キッチンや水回りをリフォームしましょうよという商売が成り立っちゃうんですよね。

もちろん、60年間アフターメンテナンスしますよと言っている会社が、利益を上げていない会社では困りますから、利益を上げること自体は健全です。粗利率で言うと少なくても30〜40%前後。20%を切ったらおそらく成り立たないと思いますから、

博　管理費というのは、人件費もあるけれど、広告宣伝費とか総合展示場のモデルハウスの出展料が大きいと思います。バブル時代は、大手のモデルハウスはだいたい2年で建て替えていた。今はもう10年以上もたせていますからね。本体は全然いじらないで、リノベーション（リフォーム）で外装とかキッチンと水回りだけ変えてみたりだとか。

Q ハウスメーカーで建てようという人は住宅展示場に行くんですよね？

A 以前に比べると展示場へ行く人はすごく減りました。

博　今はもう皆さん、ネットで情報集めがメインですから、総合展示場への出展量も、すごく減っています。関東で一番大きい横浜・平沼橋の展示場は、ピーク時は250区画（棟）あった。今は60区画ぐらいだから、4分の1。コスト削減で撤退していますよね。バブル期は積水ハウスだけで7区画くらい、三井ホームが5区画ぐらいあったけど、今は1つか2つに絞り込んじゃった。

崇　昔は他のメーカーを見に行かせないために何棟も出していたんですね。積水だけで7つもあれば、積水だけ見て一日終わっちゃう。じゃあ、今はいくつも回るかというと、ネットで絞り込んで、展示場にそれを確認に行くだけだから、やはり1社にしか行かない。

だから、展示場は活気がないし、人口は減っていくし、若い人はローコストに流れる。ハウスメーカーの経営陣も頭が痛い。どうやっていこうかって、たぶん本当悩んでいると思いますよね。

結局、海外に出るしかないけど、日本のプレハブの家を建てたいっていう人は、海外にはいないと思うんですよね。じゃあ何を売りに行っているかというと、部材とかビジネスモデルとか建て方のノウハ

住宅展示場

ウとか、そういうのでうまく商売できないかなって考えているメーカーが多いんじゃないかなと思いますけどね。

博　実は、ハウスメーカーが存在するのは日本ぐらいのものなんですね。ヨーロッパではスウェーデンにありますけど、アメリカにはハウスメーカーってなくて、家を建てる会社より部材会社のほうが上位なんですよ。日本は部材会社よりハウスメーカーのほうが上ですけど。

アメリカの場合は、国土が広くて東西南北で気候条件が違う。法律も違うから、全国展開のハウスメーカーなんて存在し得ないんです。

Chapter 2

契約までのサクセス・ポイント

SUCCESS POINT①

良い営業マンと出会う方法

ハウスメーカーで家を建てたい。

でも、絶対に失敗したくないと思うなら、まず大事なことは良い営業担当と出会うこと。

これができれば6割は成功と言っていいほど重要なポイントです。

良い営業マンとは一体どんな人か。

そして、良い営業マンに出会うためにすべきこと、
悪い営業マンに当たってしまったときの対処法は？

Q モデルハウスのアンケートって書いたほうがいいの？

A 初回では、絶対に書かないでください（笑）。

崇　ハウスメーカーで家を建てたいと思ったら、今はネットで検索という人がかなり増えましたけど、住宅展示場にモデルハウスを見に行くという人もいますよね。

そのへんの話をしておきたいのですが、まず押さえておきたいのは、これまでの本でも繰り返し言いましたが、展示場で接客した営業マンが基本的には担当になってしまうということです。

接客されて、アンケートに記入したらその人が担当。それでいきなり良い営業マンを引くと

いうのは、相当運がいい人だと思いますから、気軽にアンケートを書かないほうがいいということですね。

博　優秀な営業マン、モデルハウスにはあまりいません。そもそも売れない営業マンが待機しているほうが多い。とくに土日は、お客さんとの打ち合わせなどがあって、いないことが多いです。

　優秀でない営業マンとの接触を避け、ゆっくり見学したいのなら、火曜か水曜がおすすめです。営業定休日でアルバイトスタッフのみ、正社員はいないことが多いですから。

崇　ある程度メーカーを絞り込んでいった人ほど、アンケートを書いてしまいがちです。本当は、もう少しゆとりを持って進めたほうがいいと思いますよね。

〈お客様控〉

本アンケートにご記入頂きましたお客様の個人情報は、お客様の住まいづくり（土地購入を含みます）に関する三井ホームグループ各社、三井不動産グループ各社及び業務委託先や不動産業者等からの情報提供・販売活動に使用するものです。法令に定める場合を除き、あらかじめお客様の同意を得ることなく第三者に提供することはありません。

担当者　　　接客者

ご来場日　年　月　日

お客様アンケート

本日はご来場いただきありがとうございます。お手数ですが、下記アンケートにご協力をお願いいたします。

ふりがな
ご氏名　西暦　年　月　日生（　才）　西暦　年　月　日生（　才）

ご職業　会社員・会社役員・公務員・自営・医師・その他　会社員・会社役員・公務員・自営・医師・その他

ご勤務先

ご住所　〒　市郡区

TEL　（　）　携帯　－　－

メールアドレス（PC）　@

メールアドレス（携帯）　@

メールでのご連絡を希望　1．する　2．しない

ご購読の新聞・住宅雑誌に○をお付け下さい。
新　聞：読売　朝日　毎日　日経　産経　中日　その他（　）
雑　誌：ハウジング　憧れの輸入住宅　日経ビジネス　家庭画報　VERY　その他（　）

ご家族構成（○をお付け下さい。）
お父様　お母様　ご主人様　奥様　お子様：男の子（　才　才）　お子様:女の子（　才・　才）　ペット（　）

現在のお住まい（○をお付け下さい。）
1．戸建住宅（ご所有）　2．マンション（ご所有）　3．戸建住宅（賃貸）　4．賃貸マンション・アパート　5．社宅・官舎　6．その他

住宅展示場の中で、三井ホームにご来場いただいたきっかけは?複数回答可（○印でお答え下さい。）
1．インターネット　2．新聞・雑誌広告　3．DM・チラシ　4．TV·ラジオコマーシャル
5．知人の紹介　6．展示場内で外観を見て　7．当社社員の紹介　8．職場回覧の情報誌
9．職場配布のチラシ　10.その他（　）

三井ホームにご入居している知人、ご友人はいらっしゃいますか?　1．いる（　）　2．いない

建築のご計画についてお聞かせ下さい。（○印でお答え下さい。）

ご計画内容は?
1．新築：単世帯（新規に土地を取得し新築）　2．新築：単世帯（所有地に新築）　3．建替え：単世帯
4．新築：二世帯（新規に土地を取得し新築）　5．新築：二世帯（所有地に新築）　6．建替え：二世帯
7．住替え　8．リフォーム　9．その他（　）

ご計画予定地は?
1．決まっている　2．具体的に探している　3．まだ探し始めていない

ご計画予定地が決まっている方、候補地がある方にお聞きします。ご計画地の広さは？また、所在地は？
広さ：　坪　所在地：

ご計画予定地が決まっていない方、土地をお探しの方にお聞きします。希望の広さ、方面、条件は？
希望　エリアについて（　方面）（　駅）～（　駅）
希望　広さについて（　坪）　土地予算について（　万円）
その他　希望条件について（　）（　）（　）
土地情報について　1．希望する　2．希望しない

どのような工法での建築をお考えですか？（複数回答可）
1．ツーバイフォー工法　2．工務店の木造軸組工法　3．住宅メーカーの木造軸組工法　4．木質パネル工法
5．鉄骨プレハブ工法　6．コンクリート住宅　7．その他（　）

ご予算は？（土地代金を除く）
1．～2,000万円　2．2,000万円～2,500万円　3．2,500万円～3,000万円　4．3,000万円～3,500万円
5．3,500万円～4,000万円　6．4,000万円～5,000万円　7．5,000万円以上　8．（　万円）

建築予定時期はいつごろですか?
1．できるだけ早く　2．1年以内に入居　3．2年以内に入居　4．それ以降（　年　月頃に 着工・入居）

住まいづくりで重要視されるポイントは何ですか？（3つお選び下さい。）
1．家づくりの進め方　2．建築スケジュール　3．間取り　4．インテリア
5．価格（建築費用）　6．住宅ローン　7．税金　8．構造・工法・性能
9．保証、メンテナンス　10.環境配慮住宅・省エネ住宅　11.その他（　）

今後、最も参加されたいイベントは何ですか?
1．お住まい見学会　2．構造現場見学会　3．設計セミナー
4．インテリアセミナー　5．その他（　）

ご協力ありがとうございました。

尚、当社のお客様情報保護方針（プライバシーポリシー）およびその具体的な取組み内容を「三井ホームグループプライバシーステートメント」として宣言いたしております。「三井ホームグループ プライバシーステートメント」はホームページにてご覧ください。

アンケート見本

Q 営業が気に入らなかったら別の支店に行けばいい？

A それは時間のムダです。

博 アンケートを書いちゃうと、その日のうちにパソコンで必ず登録しちゃうんですよ。それでたとえばそのお客さんが他の支店や営業所に行って、そこでもアンケートを書く。そうすると、営業マンはパソコンを見て、「あっ、これは○○支店の市村さんのお客さんだ」って分かるから、身を引くわけですね。

たとえば世田谷の○○営業所で値引き交渉をしたら30万円値引きしてくれたと。今度は別の営業所で交渉したら40万引いてくれた。そうなると困るじゃないですか。

昔は、それができたんですよ。だけどメーカー側もそれはちょっとまずいということで、コンピュータで管理している。だから、一度書いてしまったら逃れられない。最重要なことなんですけど、皆さん、そんなことになっているなんて知らないですから。

Q ネットで資料請求するのってどうなの？

A 残念ながらそれもＮＧです。

崇　では、展示場に行かずにネットで資料請求したらと思うかもしれませんが、これもアウト。ネットで資料請求するには、こちらの情報を入力するじゃないですか。あれはアンケートと一緒です。

博　そう、あれをやったら担当が決まっちゃう。顔が見えないだけで。

崇　展示場を持たない部署があって、そこの営業マンが担当になるんですよね。

結局、難しいのは、どの会社にも松竹梅の良い営業マンと普通の営業マンと悪い営業マンがいて、要は比率が違うだけじゃないですか。坪単価で言えば、おおむね坪単価が下がれば下がるほど良い営業マンは少なくて、悪い営業マンが多くなってくると。でも、難しいのは、一般の方が良い営業マンとどこで出会うの？　AさんとBさんは、どっちが良い営業マンなの？という判別がつかないというところだと思います。

Q　良い営業マンに確実に出会う方法はある？

A　リアル情報を集めるのが一番です。

博　「展示場もネットもダメ。じゃあ、どうしたらいいの？　賢いやり方ってあるんですか？」となりますよね。私がいつも言うのは、「実際に建てた人に聞くのが一番」ということです。

情報で大事なのは中立であること、ウソがないこと。そういう有益な情報を得るには、自分が良さそうだと思う家を実際に建てた人に聞きにいく。これに勝る方法はないと思います。

崇　たとえば住友林業がいいと思ったら、住友林業で建てた人に聞く。営業マンどうだった？どんな感じだった？　一番初めの見積と、最終金額に開きがなかったかとか。で、この人は対応良かったよとか、家も満足してるよみたいな話の営業マンがいれば、そういう人を紹介してもらうのが、一番のリスクヘッジになりますよね。

博　そう、良い営業マンを実際に建てた人から紹介してもらうのが一番。ただ、最近は、みんなマッチングカウンター、つまりは紹介屋のほうへ行っちゃうわけですよね。

崇　前回の本（『絶対に後悔しないハウスメーカー＆工務店選び』）でも書いたけど、誰かを斡旋するとか紹介することを商売としてやっている以上、無料と言ってもボランティアじゃないんだからどこかで紹介料が発生し、それが値引きなどに影響している可能性は高いわけですもんね。

本当は、検討しているメーカーで建てた近所の方のインターホンを押して聞いてみるくらいの気概が必要ですよ（笑）。

Q 営業担当ってチェンジできるの？

A 基本は、無理です。

崇 展示場でうっかりアンケートに記入して営業担当が決まってしまった。でも、どうも気に入らない、代えて欲しいと。でも「代えてください」と言っても基本的にハウスメーカーは営業マンを代えない。その代わり「上席が同席して打ち合わせをします」といった形が多いですよね。

博 なかなか日本人は、「代えてくれ」と言えない人が多い。そんなことを言って何か嫌な目に遭わないかと思ったり。実際は、そんなことはないんだけれど。担当代えの奥の手としては、担当も上席も嫌だ、その営業所自体が嫌だ、でもこの会社で建てたいとなった場合は、大手メーカーの場合は、必ずお客様相談窓口がありますね。

崇 ネットから入って、そこにつらつらと恨み節を書き込む。どうしてもおたくの会社で建てたいんだけど〇〇営業所は嫌だ、違う営業所でやりたいと。

博 そうすると、けっこう対応してくれますね。

崇 総務部につながっていたりして、経営陣に報告がいけば、それはもう「代えろ」という指示が出ますから。

博 日本人って、ずっと我慢して我慢して、最後にバーンと爆発する。それだったら、しかるべき時期にしかるべきところへ訴えたほうがいい。それがお客様相談窓口。逆に言えば、この窓口がないメーカーはやめたほうがいいでしょう。

宣伝になっちゃうけど、そうなる前にうち（住まいと土地の総合相談センター）へ相談に来てくれれば、私たちが同席します。この営業は大丈夫か、大丈夫じゃないかっていうのは、30

分話せば分かりますから。

崇　30分もいらないですよね（笑）。

Q 「仮契約してください」と言われたら？

A 契約に「仮」はありません。

崇　ハウスメーカーの契約までの流れは、最初のコンタクトからまず敷地を見て、予算や施工条件を見て、十分に対応可能だと思えば、「うちでプランを作らせてください」と。それでプランが出て見積が出て検討に入るという流れになります。

ここで要注意なのは、間取りや仕様について十分に詰めていない段階で、「とりあえず仮契約しましょう」と迫る営業マンですね。不思議なことにハウスメーカーとの契約は

様邸　資金計画チェック・リスト(1)　作成日：平成　年　月　日

工事請負代金 (円)			
建築主体工事費	本体工事積算額	○	
	計		
付帯工事費 / 屋外設備工事費	屋外電気工事費	○	
	屋外給排水工事費	○	
	ガス工事費	○	
	計		
付帯工事費 / その他工事費	空調工事費	○	
	解体工事費	○	
	地盤改良工事費	○	
	太陽光発電システム工事費	○	
	エクステリア工事費	○	
	照明工事費	○	
	カーテン工事費	○	
	計		
	建物工事費（消費税を除く）		
	取引に係る消費税額		
	工事請負代金合計額		①

工事請負代金以外の費用 (円)			
設計申請料等	敷地調査料	○	
	実施設計料	○	
	構造計算料	○	
	確認申請料	○	
	住宅性能評価申請料	○	
	長期優良住宅申請料	○	
	計		
事務手続実費	契約印紙代		
	登記費用	●	
	三井ホームローン事務手数料	○	
	金融機関手数料・保証料	●	
	つなぎ融資諸費用	●	
	計		
各種分担金	水道加入金	●	
	計		
	工事請負代金以外の費用合計		②

土地代金	
土地	
仲介手数料	
固定資産税精算金	
売買契約印紙代	
登記費用	
小計	③

その他諸費用	
火災保険料	
引越し費用	
仮住まい費用	
小計	④

建物に関する総費用　円（①＋②）

建築費用＋土地費用　円（①＋②＋③）

お住まいづくりの総費用　円（①＋②＋③＋④）

○印は消費税課税対象です。●は預り金です。確定金額を後日実費精算致します。

（備考）

所属　　■担当者

所属　　担当者

見積の書式見本

2回するのが普通で、その1回目を「仮契約」と称する場合があります。

話を煮詰めて、間取りや仕様について合意した上でならともかく、「本契約までに間取りも仕様も変更できます。とりあえず仮契約ですから」と、こんなことを言う営業マンは完全にNGです。

博　契約に「仮」なんてないですから。車で言えば、実物の車を見せたり試乗させたりしないで、カタログだけ見せて契約しましょうっていうようなものです。

玄関ドアやキッチンの写真だけ見せて、これですと。その段階で契約しましょうと。契約後に実物を見て気に入らなければ譲歩はしますという含みを持たせて契約しましょうというやり方。シートカバーがかかったままの車を、「これクラウンですから、買ってください」って言っているようなひどい例が実際にありますから。

崇　ちょっと今日はカバーを外せませんが……（笑）。

博　でも、クラウンですからって（笑）。

Q 優秀な営業マンってどういう人？

A 「契約してください」と言わない人です。

崇　優秀な営業マンのクローズ（契約）はスマートですよね。「うちに決めてくださいよ」なんていうお願いは言わない。プランも何度も打ち合わせし、見積と予算の兼ね合いも納得がいくまで話をして、「この変更があったらこれくらい金額が変わります」ということもきちんと説明していくから、もうお客さんのほうから、「よく分かりましたから、契約したいんですが」みたいな感じに自然になっていくんですよ。

博　「間取りはこれで大丈夫ですか？」「外観はどうですか？」「キッチンはショールームで確認されましたよね」とやっていって、建物の中身全部確認していただけましたね、見積に関してもすべてご理解いただいていますよね、もうあとは契約だけですねっていうところへ持っていく。それがプロの営業ですよ。

そういう詳細な打ち合わせ、すり合わせをするには、2カ月ぐらいはかかるんですよ。それを2週間でやろうとすると、「シートがかかっていますけど、クラウンだから買ってください」ということになるんですね。

Q ダメ営業マンの契約パターンを教えて。

A 「私を信じてください！」とか言う人です。

崇 当月ノルマを達成しようと、1、2度の打ち合わせだけで契約しようとする営業マンもいますからね。

博 読者の皆さんの中にはいないと思いますが、それで契約してしまうお客さんも実際にいます。10万円のパソコンを買うのとは違うのだから、後悔しないようにきちんと確認をして欲しいですね。契約というのはお互いにイーブンの権利、義務が発生することを理解していない人が多い。お金の絡んだ義務が発生するということを肝に銘じて欲しいです。

崇 「仮ですから契約してください」、「今月決めていただければ、いくらで」とか、そんな感じで無理やりハンコを押させるのは売れない営業マン。本当に泥臭くきますから。

博 「特別にお値引きいたします。ちょっと支店長の決裁を取ってきますから」とか、下手な小芝居を打つんですよ。営業マンと同行した時に、実際に見たことがありますから。

お客さんの目の前で、「分かりました。では今から支店長に電話します」とやるんだけど、実際電話に出ているのはヒラの社員ですよ。で、「決裁いただけますか。分かりました。取れました！」とか演技しているわけですよ。

崇　それと、感情論でものを話す営業マンに良い営業マンはいないですよね。よくあるのが、1回目の契約の前に「私を信じてください！」みたいなことを言う人。

博　それは絶対にダメ。何を信じろっていうのか。

契約を迫られたら、その場で返事をしないことですね。家に帰ってクールダウンして、「今日あの人は何言っていただろう」と。一番いいのは、紙に書き出してみる。「私を信用してください」と言っていたのなら、それを書くんですよ。

それで、奥さんが営業の話を聞いたのなら、それを旦那さんに見せる。文章で見ると、すごく冷静になれるんですよ。旦那は、「何を信用しろって言うんだ！」となりますから。

SUCCESS POINT②

ローコスト住宅に走らない

Q　ローコスト住宅のハウスメーカーってどうですか？

A　ほとんどダメです。証拠をお見せしましょう。

博　CMをやたら流している○○ホームは、もともとは西日本でFC系ハウスメーカーの代理店だったんですよ。そこで覚えた訳のわからないシステムを少しアレンジしてスタートしたんですね。安いから人気を呼びましたが、安かろう、悪かろうの典型です。

崇　そういう、いわゆるローコスト寄りのハウスメーカーで、数だけは建てているようなところがいくつかあります。

たまにうちの「住まいと土地の総合相談センター」に、そういうところで建てたいのでチェックして欲しいという依頼があって、うちの検査基準のチェック項目リストを送るんですが、あれもこれも「できません」という×印が付いて返ってきます。なかなか堂々としているなという感じはしますよね（笑）。

博 ○○設計なんか、ひどかったね。

崇 ちょっと読者の皆さんにお見せしましょうか（次ページ参照。ケイで囲んだ部分が回答）。

◉「ゴミはとりません」

たとえば③番に「立ち上がりコンクリート打ち継ぎ箇所のレイタンス除去方法をご教示ください」とありますね。

要は、コンクリートを打つと出てくるゴミをレイタンスと言うんですけど、それを取ってから次のコンクリートを打ちましょうねという常識的なことなんですけれど、赤字で堂々と、「通常は行いません」と。

次に「やむを得ず雨がちの日の打設の時にワイヤーブラシでの除去をする場合あり」と書いてありますけれども、そもそも雨がちの日にコンクリートを打つなよと。

博 ハハハ。堂々と書いてある。

崇 ⑧の「ベースコンクリート、立ち上がりコンクリートの養生期間をご教示ください」のところもすごい。「ベース打設後、中1日あけて枠解体」と書いてある。「立ち上がり枠組み打設

検査基準（建て方工事）

2、建て方工事

①柱の垂直精度誤差の許容値は、階高につき２ミリ以内としてください。

△3mm 未満です。（2mm 以下を目指しています）

②床の水平精度誤差の許容値は、３６４０ミリに対して２ミリ以内としてください。

△3mm 未満です。（2mm 以下を目指しています）

③合板の釘打ちのめり込み深さの許容値は１ミリ以内としてください。

×5mm 以内です。

④構造材の含水率は１９パーセント未満としてください。

△平均値で 20%以下。（JASS の規定通りです。受入れ検査はしていません。）

⑤床合板の含水率は１４パーセント未満としてください。

△平均値で 20%以下。（JASS の規定通りです。受入れ検査はしていません。）

⑥含水率測定は上棟検査時に測定をしていますか？

×していません。

測定している場合は含水率計の型番を教えてください。

×していません。

測定していない場合、当方で測定し規定値を超過した場合、乾燥促進をしていただき再計測しますが、それでも規定値未満の場合ジェットヒーター等で室温を上昇して乾燥していただきます。その際の費用は御社負担としていただき、それによる工期延長は認められません。

△対応可能です。

⑦建て方時における雨養生方法を教えてください。

×していません。

⑧構造材の樹種・等級を教えてください。

土台： 米松無垢材（甲種2級） 120×120

各階柱：集成材E65-F225（杉） 105×105又は120×120

通柱、階段柱：集成材E95-F270（唐松） 105×105又は120×120

大梁：集成材E105-F300（ｵｳｼｭｳｱｶﾏﾂ） 105×120～

集成材E135-F375（米松） 105×240～（特記による）

集成材140E 特級65V-55H（ﾀﾞﾌﾘからまつ）

小梁：杉無垢材（甲種1級） 90×90～

床下地材（各階）：構造用合板（特類2級）24mm 釘：CN75@150

母屋：杉無垢材（甲種1級） 90×90 @ 910

野地板：構造用合板 12mm

棟木：杉無垢材（甲種1級） 90×90

大引：米栂無垢材（甲種1級） 90×90

火打：火打金物

小屋束： 杉無垢材（甲種1級） 90×90

↑

※仕入れ状況により部分的に変わる場合もあります。

検査基準（基礎工事）

現場検査基準

ハウスメーカー・工務店ご担当者御中

※枠内が回答

（順不同）

１、基礎工事

①基礎工事に先立ち、ミルシート・生コンクリート配合計画書を提出してください。

△事務費用をいただければ対応可能です。

スランプ値１８センチ未満、水セメント比５５％未満を遵守してください。

〇対応。

②生コンクリート打ちの際に受け入れ検査を実施してください。

〇対応。

③立ち上がりコンクリート打ち継ぎ箇所のレイタンス除去方法をご教示ください。

△通常は行いません。
やむを得ず雨がちの日の打設の時にワイヤーブラシでの除去をする場合あり。

④基礎天端レベル誤差はＢＭ基準から±５ミリを許容値としてください。

〇対応。

⑤対角寸法誤差の許容値は±５ミリ以内としてください。

〇対応。

⑥アンカーボルトの芯ずれ距離の許容値は±１０ミリ以内としてください。

×±25㎜ です。

⑦アンカーボルト首だし長さの誤差は±５ミリ以内としてください。

×±10㎜ です。　ナットのかかりは 15㎜ です。

⑧ベースコンクリート・立ち上がりコンクリートの養生期間をご教示ください。

ベース打設後、中一日空けて枠解体。立ち上り枠組み打設後、5 日間養生します。

⑨その他標準仕様書はＪＡＳＳ５に準拠してください。

〇対応。

⑩鉄筋はミルシートを提出してください。

△事務費用をいただければ対応可能です。

⑪地業の種類と施工方法を教えてください。

再生砕石ｔ＝120　ランマー３回突き。

⑫先送りモルタルの処分方法を教えてください。

玄関内、外ポーチのタイル下地用に使用。

⑬標準基礎の図面を提出ください

〇対応。

後、５日間養生します」って、これ、ベースを取っちゃっているっていう話でしょう。
（注：コンクリート型枠の解体に関してはＪＡＳＳ５　鉄筋コンクリート工事にて、次のように定められている。
・圧縮強度による場合は↓計画供用機関の級が短期及び標準の場合は圧縮強度が５Ｎ／ｍ㎡以上。・材齢の場合は↓普通ポルトランドセメント使用で平均気温20℃以上なら４日、20℃未満10℃以上なら６日。
つまり、中１日で解体しようとする場合には、圧縮強度で規定値以上の強度確認が必要になります）

博　信じられないよね。

◉「写真はお見せできません」

崇　２枚目の③番。「外壁の下地の構造用合板の釘打ちの釘のめり込み深さの許容値は1ミリ以内としてください」に対し、「(当社では）５ミリ以内です」という返答。

博　全然アウトですよね。合板の厚さは９ミリなんですよ。９ミリの中で釘を5ミリまで打っていいとなると、残る合板は４ミリ。外力が加わると、合板が割けちゃう。これを専門的にはパンチングアウト（上図参照）と言います。そういうのを堂々

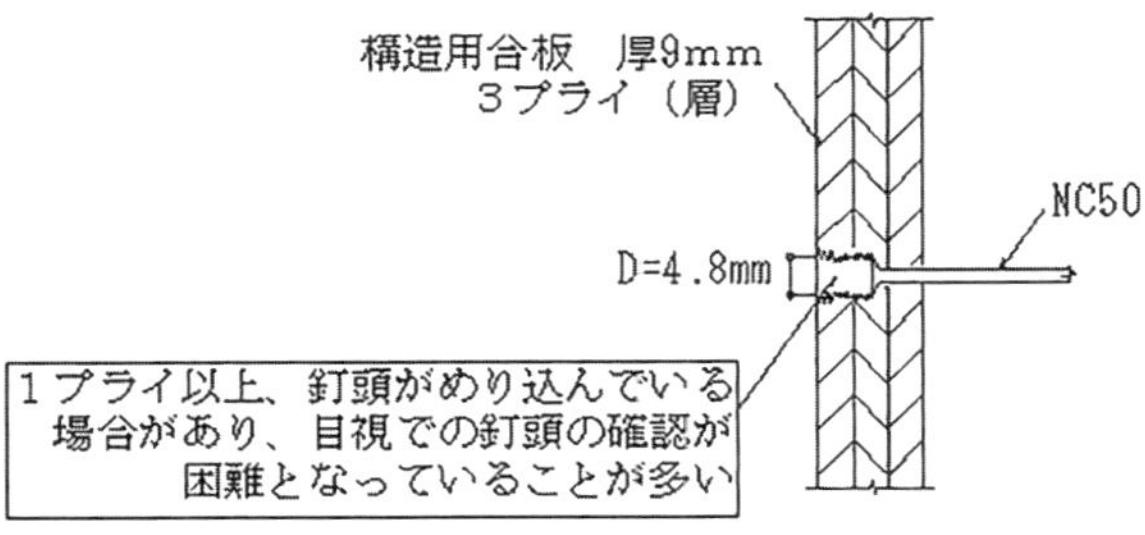

構造用合板　厚9mm
3プライ（層）
NC50
D=4.8mm
1プライ以上、釘頭がめり込んでいる場合があり、目視での釘頭の確認が困難となっていることが多い

パンチングアウト

と書いている。

崇 3枚目のその他の③になると、完全に開き直っています。「万が一、検査により是正指摘が出た場合、是正完了を確認できる写真を提出いただきます」に対し、「写真提出は難しいです」と書いてありますからね。

Q やっぱりローコストメーカーはやめたほうがいい？

A ふつうの検査基準をクリアできないということは……分かりますよね。

博 結局、お前の検査なんか受けないよっていう回答ですよ、これは。

崇 この間もうちの検査基準を送ったら、家づくりは辞退させてくださいと。「一般のインスペクターは、各ハウスメーカーの基準を理解した上で検査をしてもらうのが普通ですけど、市村さんは独特の検査基準でやっておられるみたいですね」みたいなことが書いてあるんですよ。でも、独特な基準なんて何もない。ごく一般的な建築基準法、品確法、日本建築学会、それから日本工業規格、日本農林規格、フラット35の規格。そういった中で決められている基準ですから。

博 そういう明文化されているものをベースにやっているので独自な基準ではないし、大手ハウスメーカーなら「この基準は普通ですね」と言うようなものです（但し、水平垂直に関しては厳しい検査基準を設けていますので、建て主・建設会社で最大許容値を決めてもらうケースもあります）。

なぜ予めこれを出すかというと、何もしないで検査に入ると、コンクリートのゴミ除去をしてないから基礎を壊しなさい、いや壊さないってモメるじゃないですか。それはお客さんにとって、決していいことではないので、先に検査の土俵を一致させておきたいということです。しかも最低の基準ですから。

崇　建築基準法の基準は緩いんですね。超高層ビルも平屋の一軒家も同じ法律で決めているので、もともと無理がある。で、先ほどのアンケートのような会社は、そういう甘い建築基準法だけをクリアしていればいいだろうと思っているんですが、実際には、その下にさまざまなルールや指針があって、大手ハウスメーカーやきちんとした工務店は、そっちを見ているわけですよ。

「欠陥住宅」という言葉も同じです。甘い建築基準法をベースに判断されるのが普通なので、私たちから見ると、「隠れた欠陥住宅は山ほどある」ということになるわけです。

結局、大手、準大手以下の坪単価の安いメーカーとかローコスト住宅とか言われているものは、大手はみんな○を付けてくる基準をクリアできない。だからやめなさいって言うんですよ。

博　小さな工務店でも、「この基準は当然ですね」というところももちろんあります。

崇　でも、そういうところは、やっぱり坪単価が安くはない。

博 そう、高いです。

崇 工務店は安いと思っている人もいると思いますが、安かろう悪かろうはどこも一緒で、工務店でもきちんとやっているところは坪75万とか80万円はいきますよ、という世界ですね。

Q 軽自動車の値段でレクサスみたいな家を買いたいんだけど……。

A そんな方法はありません。

博 さっきのひどい回答が返ってきたメーカーですが、施主は結局、そこでやることにしたんですね。こういう回答を見て、「やっぱりここはやめます。市村さん、他にどういうところがいいんですか?」という方のほうが多いのですが、その方は分かった上でやると。私はインスペクションできませんと言ったのですが、やっぱり予算がないんですよ。

崇 この回答でこの会社の違法性が証明されているのに、頼んじゃうわけでしょう。やっぱり、お金はないけどどうしても一戸建てが欲しい人がいる。だからそういう業者が、ずっと商売を続けられるんですよ。

博 車にたとえれば、軽自動車の予算で、レクサスくださいと言っているようなもの。高望みしているわけですよね。レクサスが欲しいのなら5年ぐらい自己資金を貯めて、本物のレクサスを買いなさいということです。

今欲しいのなら、軽自動車しか買えない。ところが、これが分かっていない人がいるんですね。それで軽自動車の予算で車を買ってみたら、「あれ？　これ、レクサスじゃないじゃん」と。

車なら買う前に実際に乗ってみることもできます。ところが、家は住んでみることができないから分からない。車の場合は分かりますよね。だから、完成するまでの何カ月間、ずっとレクサスを買ったと思っていて、カバーをとってみたら軽だった。話が違うじゃないという……。

崇　軽自動車とレクサスだったら誰でも一目瞭然。家って、モデルハウスを見たとしてもその違いがよく分からないですよね。

博　分からない。車でも安全装置付きとか、エアコンがオートだったりという機能は見えない。家はもっと見えないところがいっぱいあるんですよね。

崇　「軽です」と言って軽を売っているのならまだ親切ですが、建築会社のひどいところは、ぱっと見はレクサスでも積んでいるエンジンは軽だというようなものを売っていますよね。

博　ハハハ。それが多いですね。

崇　レクサスよりちょっと安いぐらいの値段で軽自動車を売るところがゴロゴロある。それは詐欺ですよね。

博　そう。ただ、さっきの例でいけば、消費者のなかには、我々がチェックすれば、軽だけどレクサス並みになるだろうと思っている人もいる。それはありえないですよ。

崇 やっぱり軽は軽なんですよね。

博 そういう人はうちもお断りせざるを得ないけど、それでも引き受けるインスペクターもいるんですよ。

Q 競合メーカーがある時は告げたほうがいい？

A お互いのために言ったほうがいいです。

崇 展示場でアンケートを書くと営業担当が決まる。そうすると、次は「敷地調査をさせてください」となりますね。

博 第一の目的は、本当にその人が家を建てるのかどうかを確かめるためです。土地がなかったら建てられませんから。本当にあるんですよ、行ってみたら敷地全体が崖だったというような例が（笑）。

それと、土地の状況。接面道路の幅、道路より敷地が上がっているのか、下がっているのか。たとえば道路が2・7ｍしかないとか、隣家がすごく高い位置にあるとか。そういう条件によって工事もコストも変わってきますから。

賢い営業マンは、土地を見て、お客さんの予算を聞いて、これはうちでは無理だなと思えば、追いかけないんです。

博　敷地調査は、住友林業のみ原則有料。他のメーカーは無料でもやります。

崇　住友林業はなぜ有料なんですか？

博　「あそこにはもう○万円払ったからな……」という意識を植え付けたいんだと思います。

崇　お金払ったんだからもったいないと。

博　そう。競合している場合は、敷地調査のときにそれをはっきり営業マンに言ったほうがいいです。たとえば「積水ハウスと住友林業、あとは○○ホームと××ホーム（いずれもローコストメーカー）、４社でやっています」と言えば、積水ハウスと住友林業の営業マンは、および腰になりますね。予算的に同じ土俵でないと戦えないから。だけど、積水ハウス、住友林業、あと三井ホームって言われれば、「じゃあ頑張りましょう」と。

軽自動車の予算しかないのにレクサスの営業所に行って、この予算でなんとかレクサスを手に入れたいというお客さんがいるからそういうことが起きる。だから、最初の段階で、この予算だとレクサスは無理なんだというのを自分自身に分からせるためにも、競合は全部言っちゃったほうがいいですよね。

崇　双方のためですよね。

Chapter 3

工法別 大手ハウスメーカーのここが知りたい！

ハウスメーカーを選ぶときに何を基準にするのかと考えると、最初から値段だけが基準で、とにかく安いものを選ぶ人は別にして、通常は耐震性・耐火性、断熱性・気密性、それから間取り（空間の取り方）、デザイン（見た目）といったものが大きな基準になると思います。

間取りやデザインは好みがありますから一概には言えませんが、その他の家の強度や快適性に関わる要素というのは比較できるはずです。

一般的に家には、木造、鉄骨造、ＲＣ（鉄筋コンクリート造）と、大きく3種類の構造があって、同じ木造でも在来（軸組工法）、ツーバイフォー（壁工法）、木質パネル（壁工法の一種）などがある。

では、「どれで建てるのが正解なのか教えて欲しい」と言われることがあります。

ここでは、そのへんの話を整理してみたいと思います。

たとえば一般の方のイメージとして、木造よりも鉄骨のほうが強い、木造は火事に弱いとか、そういうフワッとしたイメージがあると思います。

さらに言えば、断熱性や気密性も木造のほうが劣るというイメージがあるかもしれません。

そのあたりが本当はどうなの？　ということを話していきたいと思います。

イメージやパンフレットの言葉に騙されるな

Q 木と鉄骨、どちらが地震に強い?

A 木造より鉄骨造の家が強いわけではありません。

崇 まず木造と鉄骨で地震に強いのはどちらか、という問題です。ひと言でいえば、今のハウスメーカーの家は、鉄骨と木造で耐震性に違いはほとんどありません。

一般的に、鉄のほうが木より丈夫というイメージがあると思います。実際、素材としては鉄のほうが強度があるのですが、木造も鉄骨造も、耐震性能自体にはあまり違いはないと思います。

博 そうですね。鉄だから木の家より強いというイメージを持っている人は依然として多いと思いますが、今の基準できちんと建てられた家ならば、そんなことはありません。鉄骨造のほうが地震に強いというイメージは捨てたほうがいいと思います。

鉄骨か木造かではなく、きちんと安全性の担保された設計・施工の下で、抜かりなく建てられているか否か。こちらのほうが遥かに耐震性に関わる問題です。このことを強調しておきたいですね。

崇 特に、構造種別よりも注目したいのは、基礎、地盤ですね。ハウスメーカー各社によっても判定基準が甘め・厳しめがありますから、要注意です。

Q 在来工法とツーバイフォーだとどっちが強い？

A 今はあまり変わりません。

崇　では、木造で家を建てたいとなった場合、在来工法（積水ハウスのシャーウッド、住友林業など）とツーバイフォー（三井ホーム、三菱地所ホーム、住友不動産など）では耐震性に差があるのかどうかという問題です。

阪神淡路大震災のとき、昔建てた在来の家がバタバタ倒れたので、ツーバイフォーが地震に強いというイメージもあるかもしれません。

博　ツーバイフォーと在来工法の比較だと、阪神淡路の地震以降は、在来でも壁に面材を張るようになってきた。だからほとんど変わらないです。ツーバイフォーは、仕様規定と言って、昔は部材の厚さ何ミリとかの基準が厳しく制限されていた。それが構造計算で強度が確保できると証明されれば何をやってもいいという性能規定に近年変わった。これで在来とツーバイフォーの合体が始まったんです。

崇　だから日本のツーバイフォーの元祖・三井ホームのＨＰを見ても、開口部を広くし開放感を出すための「Ｇフレーム構法」の説明に、「ヘビーティンバーを用いた独自の強固なラーメン構造」なんて言葉が出てきます。ラーメン構造は在来工法の代名詞ですから、違う工法の良いところがミックスされた「ハイブリッド工法」になっているんですね、今は。

在来工法は、昔は柱や梁の接合部に凹凸を作って、大工さんがそれをはめ込んでいくのが基本。今も基本はそうですが、最後は全部金物で留める。その金物にツーバイフォーで使われる金物もありますから。
さらに昔の在来は、縦横の柱・梁に斜めの筋交いを設置する構造でしたけど、面で作ったほうが強いということで、今は「耐力壁」という強い壁を入れるようになってきた。これも元々はツーバイの考えですよね。

Q 「独自の○○工法」って気になるけど……。

A ○○工法（構法）のカタカナに惑わされないでください。

博　ハイブリッド工法になって、構造計算で強度が証明されればどんな設計もできますと、自由度が増して良かったねと思うかもしれませんが、それはあくまでも理論上の話。ツーバイメーカーのＨＰやパンフレットを見ると、カタカナが並んでいますよね。全く意味がないですから、あのカタカナは。

崇　プレミアムモノコック構法（三井ホーム）とか、ツーバイネクスト構法（三菱地所ホーム）とか言われると、何かすごいものじゃないかと錯覚しますよね。

博　そういう言葉に惑わされないで欲しいですね。

崇　耳ざわりはいいですけど、説明を読んでも別に普通のことを言っている感じがします。

博　キャッチーなネーミングは広告代理店が主導している部分だろうけど、ツーバイならツーバイの基本は同じだから、そんなに変わらない。
それよりも、実際にパンフレットに書いてある通りきちんと現場で作っているかどうか。このほうが

■三井ホームのプレミアムモノコック構法（HPより）

実証実験1　2階建耐震実験

※プレミアム・モノニックGにて実験

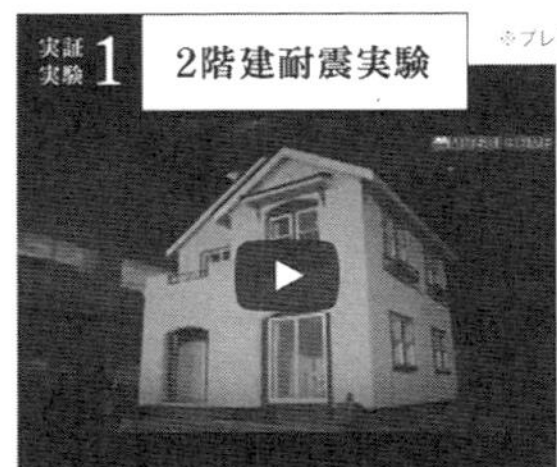

加振最大加速度
5,115gal

加振最大速度
231kine

震度7連続加振回数
60回

2016年7月11日・12日・13日／国立研究開発法人　土木研究所

実証実験2　3階建耐震実験

※プレミアム・モノコックSにて実験

加振最大加速度
4,176gal

加振最大速度
183kine

震度7連続加振回数
29回

2016年6月2日・3日／国立研究開発法人　土木研究所

gal（ガル）：加振最大加速度

gal：地震の瞬間的な衝撃力の大きさを表す単位
世界の地震観測史上最大値である4,022galを上回る衝撃に対し、大きな損傷はありませんでした。

kine（カイン）：加振最大速度

kine：地盤の揺れの速さを表す単位
熊本地震で震度7を観測した益城町の186kine※を上回る振動に対し、損傷はありませんでした。
※三井ホーム解析値

震度7連続加振回数

三井ホームは、3日間の実験期間中、震度7の地震波60回の加振に耐え、構造躯体の強さを実証しました。※プレミアム・モノコックG

■三井地所ホームのツーバイネクスト構法（HPより）

2×NEXT構法「高耐力」

震度7の約1.5倍もの大地震に耐える

従来の壁の耐力を50％アップする高耐力壁「ハイプロテクトウォール」、
床の強度を高める床根太「I型ジョイスト」など、
建物強度を高めるさまざまな構造技術が、地震や台風といった
自然災害から、大切な家族と住まいを守ります。

GOOD DESIGN

高耐力の情報をもっと見る

遥かに重要です。つまりは現場の職人、あるいはそれを管理・監督するハウスメーカーの現場担当のスキル。それで評価は決まります。

Q 木造2階建ては構造計算がいらないって本当?

A 本当です。デタラメな法律がまかり通っています。

崇 構造計算上がOKなら自由にやっていいということで、在来とツーバイがミックスされてきたという話ですが、構造計算の他に「構造計画」という言葉があって、この構造計画は審査されないわけですよ。

どういうことかと言うと、極端な話、壁に10の強さが欲しいとして、この壁は1、次の壁も1でも、どこかに8の壁があれば、トータル10になる。明らかに偏っていて構造上危ないけど、これがまかり通ってしまう部分がある。日本では、建物の耐震性をそうやって計算しているんです。一部分にすごく強い壁を設ければ辻褄が合う。そういう建物が実際に存在するわけですよ。

本当は、構造「計画」が大事なんですよ。各部材に力がきれいに伝わって、その力が基礎に伝わって地盤で支える。それが大事なのに、そこをないがしろにしている設計が多いですね。

博 全体のバランスで支えるわけですからね。

崇 しかも、日本では、木造の2階建ては構造計算しなくていいよっていう、とんでもない法律(いわゆる4号特例）があるじゃないですか。だから、木造2階建ては好きにできちゃう。

博　特にデザイナーズハウス系メーカーをやっている設計事務所は、もうデタラメですから。

　また車にたとえますが、乗用車のタイヤが4輪のうち右側の前輪だけすり減って坊主になっちゃったと。残りの3つは溝がしっかりあるというバランスで車を走らせたら、ハンドルを取られますよね。家の壁と柱がそういうバランスの悪い配置だと、地震が来た時にねじれちゃうんですね。

　なのに、木造2階建ては好きに設計していいですよって、建築基準法でなっている。恐ろしいことですが、それをいいことにメチャクチャな設計をする連中がいるんですよ。

崇　きちんと構造計画と構造計算をやった木造と鉄骨だったら強度は同じでしょうけど、その保証はないから、2階建ての木造は耐震性が低い可能性があるということですね。

博　でも一般の人は、構造のバランスなんて分からないから、南の窓をでっかく取りたいとか言うじゃないですか。

崇　そこで「できますよ」と言われちゃうと、施主は喜ぶわけですよ。でも、「できる」と「安全である」は違いますよね。

博　お客さんの要望なら何でも「できます、大丈夫です」という設計者は、まず信用しないほうがいいです。やろうと思えばできるけど安全性を確保するにはコストが上がる、現場のスキルも要求されると。だから、こういう案でどうですかと、優秀な設計者は代案を出す。その違いを見極めて欲しいのですが……。

崇　ともかく、「何でもできます、やります」はヤバイよということですね。

Q 各社のパンフレットやHPを見ると、どれも良く見えるのですが。

A 問題は、実際の家づくりと理念・理論が一致しているかどうかです。

崇 各社が謳っていることがその通りできているなら、ハウスメーカー選びに迷う必要はありませんね。

博 耐震性、断熱性・気密性、遮音性、施工、アフターー体制など、各社のパンフレットやHPを見るかぎり、どの会社も問題はないはずです。しかし、現場検査をしている私たちから見ると、問題だらけ。残念ながらそれが実態です。

崇 では、まず、大手ハウスメーカー11社について、家づくりでポイントになる項目の評価をした一覧表をご覧いただきましょう（p57）。

これを見ていただくと、耐震性一つとっても星評価に差が出ているのが分かると思います。なぜ、このような違いが出るのか。それをこれから語っていきたいと思います。

博 どのハウスメーカーも「うちの耐震等級は最高評価の3です」と言っているはずです。しかし、現場を見ている私たちの目からは、「大手メーカーがつくる家はどれも耐震性能に問題はありません」とは映りません。

崇 そうなんですね。いくら理論上はそうなっていても、設計図にミスがあったり、現場の施工が手抜きだったりすれば絵に描いた餅。あるいは、理論どおりの家づくりがそもそもできないような設計になっているといったケースもありますし。

博　施工現場だけの問題ではなく、先ほどお話ししたように、契約の段階から無理を重ねてきたために、そのしわ寄せが現場に及び、結果的に重大なミスや手抜きを呼び込むといったケースもよくあります。

崇　どの工務店のどの職人が施工を担当するかによって、品質にバラツキが出るのはむしろ当然のことと言ってもいいですしね。

博　施主の皆さんは、一生に一度かもしれない高額な買い物を、虎の子の貯金を切り崩してするわけですよね。それだけの対価を払い、ハウスメーカーを信頼して依頼するわけですから、ハウスメーカーにはそれに応える義務があるはずで、本来バラツキなどあってはいけないわけです。

バラツキが出ないように現場を管理するのは、本来ハウスメーカーの仕事ですが、品質管理に対する姿勢の差、意識の差があって、それをしっかりやれる会社、やれない会社があります。また、同じ会社の中でも、担当による松竹梅もあります。

営業マンがいくら優秀でも、施工のところでつまずくこともあります。現場の担当は違う人にバトンタッチされ、家づくりが進むにつれ施主の満足度がだんだん下がっていくパターンは非常に多いです。

崇　本来、ハウスメーカーの現場担当は、自分の会社がパンフレットに謳っているような家づくりを実現するために、ミスが起こらないように、手抜き工事がないように厳しくチェックしなければいけない。でも、担当案件が多すぎて、工務店任せにしてしまう人はかなりいますね。

ひどい場合は、自社のパンフレットを読んだことのない監督や工務店の人もいます（笑）。そういうことも私たちは多くの現場を見てきて知っていますから、それが星評価につながっている。そのことを理解していただければと思います。

博　こんなことを言うと驚かれるかもしれませんが、そもそも施工をきちんとチェックするような知識がない、何か問題が起こっても解決する能力もないと

ハウスメーカー評価一覧

	積水ハウス鉄骨	積水ハウス木造	ダイワハウス	住友林業	三井ホーム	三菱地所ホーム	ヘーベルハウス	パナソニックホームズ	セキスイハイム	ミサワホーム	住友不動産	一条工務店
耐震	★★★★	★★★	★★★	★★★	★★★★★	★★	★★★★★	★★★	★★★	★	★★	★★
断熱	★★★	★★★★	★★★	★★★★	★★★★★	★★★	★★★★	★★★	★★	★	★★★	★★★
気密	★★	★★★★	★★	★★★★	★★★★★	★★★★	★★	★★	★★★	★★★	★★★★	★★★★
耐火	★★★★★	★★★	★★★	★★★	★★★	★★	★★★★★	★★★★	★★★★	★★	★★	★★
遮音	★★★	★★★	★★★	★★★★	★★★★	★★	★★★★★	★★★	★★★	★★	★★	★★
耐久	★★★★★	★★★	★★★★	★★★	★★★★	★★★	★★★★★	★★★	★★★★	★	★★	★★
設計自由度	★★★★	★★★★★	★★★	★★★★★	★★★★	★★★★	★★★	★★★★	★★	★★	★★★	★★★★
施工力	★★★★	★★★★	★★	★★★	★★★	★★	★★★★★	★★	★★★	★	★	★
アフター体制	★★★★	★★★★	★★★	★★★	★★★★	★★	★★★★★	★★★	★★★	★★	★★	★★
総合	★★★★	★★★★	★★★	★★★★	★★★★★	★★★	★★★★★	★★★	★★★★	★★	★★★	★★★

いう現場担当がとても多いのが実情です。
だから、私たちに検査を依頼される方がたくさんいらっしゃる。ただ、まだまだ「ＣＭでよく見るあの会社だから大丈夫」といった考えで、お任せにしてしまう人もかなりいらっしゃるのは事実ですから、こうして本を出して、消費者の方に少しでも知っていただこうと思っているわけですね。

崇　「家づくりなんて素人には分からないから、メーカーさんに任せるしかない」という気持ちになるのでしょうね。ただ、こう言っては何ですが、大金をはたくわけですから、「失敗したくない、後悔したくない」という気持ちを持つのは当然、いや、持たなければいけないと思うんです。家というのは生活の拠点であり、家族と過ごす大切な場所なんですから。

博　少しでも消費者の皆さんが実態を知ることが、メーカーの意識も変えていくはずですから、ぜひ、これから語る内容をご自身の家づくりに活かしていただければと思いますし、ハウスメーカーの皆さんにも読んだ感想をお聞きしたいと思っています。

崇　それでは、ハウスメーカー各社について、語っていきましょう。

大手ハウスメーカーへの素朴な疑問①

ツーバイフォー（木造）編

Q ツーバイフォー3大メーカーって何が違うの？

A 三井ホーム、三菱地所ホーム、住友不動産を比較してみましょう。

博　歴史でいけば、三井ホームが一番古いです。元々はハウスメーカーではなく、部材供給会社でスタートして、三井物産から来た人がハウスメーカーに切り換えた。その後、同じ財閥系の三菱と住友が、うちもやろうとツーバイでスタートしたんですね。

　三井ホームと三菱地所ホームの違いは、三井がツーバイシックス、三菱は標準のツーバイフォーですから、その違いがまずある。一般論ではシックスのほうが壁が厚い分、強いと言えます。

　この2社と住友不動産との違いは、構造用合板が針葉樹合板ではなく、複合合板。複合合板は工事中に雨が降るとふくれちゃう危険性が高いんですね。

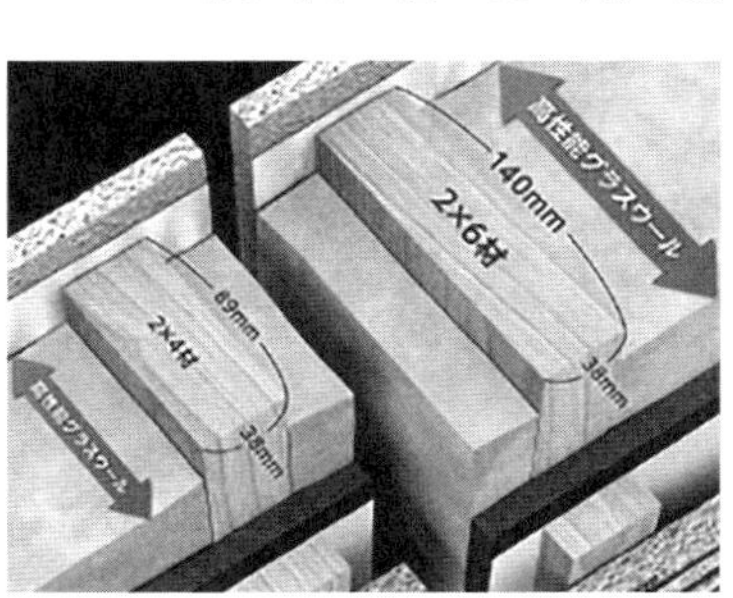

2×4と2×6は厚みが違う

施工部隊は、三井ホームは一般工務店発注と直施工部隊の二本立てですが、三菱、住友は全部一般工務店発注。だからバラツキが大きいですね。

崇 直施工部隊を持たないデメリットは、結局、現場の不具合がなかなか吸い上げられないことだと思います。ここをこう改善したほうがいいという現場の意見が、なかなか会社の内部に入ってこない。

博 間違いを繰り返しやすいということですね。あと明確な違いとしては三井、三菱は全館空調が得意、住不にも全館空調はあるけれど、三井、三菱に比べると得意ではない。これはコストの違いだと思います。この3社では住友不動産が一段安いですから。

Q ツーバイフォーメーカーで断熱性が高いのはどこ？

A 断熱が一番優れているのは三井ホームです。

崇 断熱性の違いもありますよね。

博 三井だけ、屋根に「ダブルシールドパネル（DSP）」というものを使っています。板で断熱材（発泡成形ポリスチレン）をサンドイッチした構造用パネルですが、これ1枚で屋根を作っていますから隙間が出ない。つまりは断熱性能が高いです。

屋根の断熱材は、三菱がロックウール。ロックウールは安価で一般的な断熱材ですが、発泡系の素材に比べると熱伝導率も高め（低い方が断熱性が高い）で、隙間なく入れるのも難しい。

だからロフトなど小屋裏利用を考えるなら、絶対的に三井ホームが優位です。夏場にインスペクショ

■三井ホームのダブルシールドパネル（HPより）

■住友不動産HPより

2x6住宅の冷暖房コスト

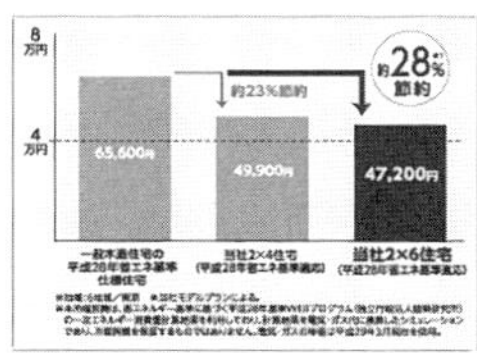

冷暖房の比較（年間）

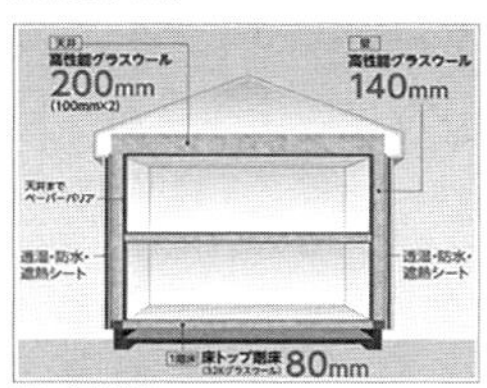

遮熱・断熱概念図

平成28年省エネ基準仕様住宅に比べ

冷暖房費約28%削減[※1]

住友不動産の2×4住宅は、平成28年省エネ基準仕様住宅に比べ冷暖房費を約23%（年間約15,700円）も削減できる省エネ住宅です。
2×6住宅では約28%（年間約18,400円）とさらに大きな節約が可能。家計に優しいエコな住まいを実現します。

平成28年省エネ基準を上回る U_A値[※2] 0.42を実現!

U_A値とは、住宅の断熱性能を数値的に表したもので、値が低いほど省エネ住宅といえます。住友不動産の2×6住宅は、平成28年省エネルギー基準住宅のU_A値0.87（5〜7地域）を大きく上回る0.42を実現しました。

※1：数値は、当社計算値によるもので、敷地条件、間取り、設備仕様等により変化します。
※2：U_A値（外皮平均熱貫流率）とは、室内温度と外気温の差が1℃の時、外皮表面積1㎡あたり1時間に内から外へ逃げる熱量をWで表したもの。
※3：当社モデルプランの数値であり、これを保証するものではありません。

ンをしていても三井の小屋裏は暑くない。明らかに違いますね。

崇　断熱しきれてないと外の寒暖を拾ってしまいますから、大事なポイントですよね。

　断熱工事で大事なことは2つしかありません。一つは断熱材を隙間なく入れること。もう一つは、防湿層を連続させること。この2つなんですが、ロックウールなどの充填系で綿みたいにフワフワしたものは、隙間なく施工するのがすごく難しい。一方、ネオマホームのように板状のものを、木のねじれやカーブに添うように職人さんが切ってピタッと隙間なくはめるのも難しいわけです。

博　断熱材の性能に関しては、熱還流率とか抵抗値とか、各社ホームページで謳っていますが、それは材料自体の数字でしかないんですね。問題は、現場がそれをどうやって収めているか。

崇　各社とも、高性能の断熱材だと書いていますもんね。

博　みんな高性能。だから断熱材の問題だけではなくどの部材に関しても言えますが、材料自体の性能よりも、それが現場で複合体となった時に、その性能が発揮されるかどうかが重要なポイント。発揮されない事例のほうが多いですよということを知っておいてもらいたいですね。

　断熱材自体の性能よりも、隙間なくきちんと施工されているかどうか。何でも現場が大事だというのはそういうことなんですね。

崇　断熱に関しても各社の星評価をしましたが、各社とも高性能の断熱材を使いながらこれだけ差が出るのは材料や工法の違いによる施工性の違いがまずあり、それからインスペクションの現場で見てきた職人のスキル。いわゆる欠陥事例、手抜き工事の数などによって、星の数が決まってきますね。

Q 在来VSツーバイフォー　断熱工事はどっちが有利？

A 原則、ツーバイフォーです。

崇 ツーバイフォーと筋交いがある在来工法の現場だと、断熱材を入れるのはツーバイのほうが楽ですよね。

博 柱と梁の縦横を斜め対角線の筋交いで支える在来工法だと、筋交いのところをくぐらせる断熱材が圧迫されて潰れるわけですね。で、ロックウールのような綿系の断熱材は、綿と綿の間にある空気が大事で、それを潰して空気の部分を消してしまったら、極端に性能が落ちます。フワフワワッとさせておかないとダメなんですよ。

それと、職人によっては断熱材の一部を柱の中にギュッと丸めて入れちゃう。そうすると、もうアウト。一定の厚みがないと断熱材の本来の性能が発揮できないのに、潰れた上にそこに隙間もできる。そうすると、著しく断熱性能が落ちますということです。

面構造で柱がないツーバイの場合は平らな壁の連続なので、潰さずに断熱材を入れていくのが容易ですが、在来の場合は、筋交いで潰れないようにするには断熱材を切らなければいけません。これがすごく難しいんです。

崇 それと、さっきの断熱の2つめのポイント、防

発泡ウレタンの吹付断熱(工務店案件の現場)

湿層。これを連続させなくてはいけないのですが、断熱材を切るということは、付属する防湿層も切れてしまう。その場合は必ず気密シートを張るか、防湿層をテープで留めていく必要があります。だから、在来工法で充填系の断熱材を使うのはそもそも厳しいんです。その点、施工の均一化が容易なツーバイのほうが有利ですよね。工務店では、隙間を嫌って吹付断熱材を施工するケースも多く、それもひとつの方法ですね。

Q ダイワハウスの断熱評価が低い理由は？

A 天井断熱の設計に問題があります。

崇　話が鉄骨メーカーに飛びますが、天井断熱の家で屋根の梁下と天井の下地の間に断熱材を入れたいのだけれど、その隙間が狭いので入れるとしても無理やり入れることになる。もうギュッって詰めて入れていますから厚みが確保できない。ダイワハウスがそうですよね。

博　まさしくそう。

崇　ダイワの場合はそもそも天井の断熱材がまともに入れられない設計になっているから、職人さんも、「これ、入らないじゃん」とか言いながら、押し込んでいる人もいると思います。ダイワの断熱が星3つなのは、それが大きいですね。

博　商品開発そのものの問題ですね。写真は梁下に断熱材が入らないので、温度変化をサーモカメラで

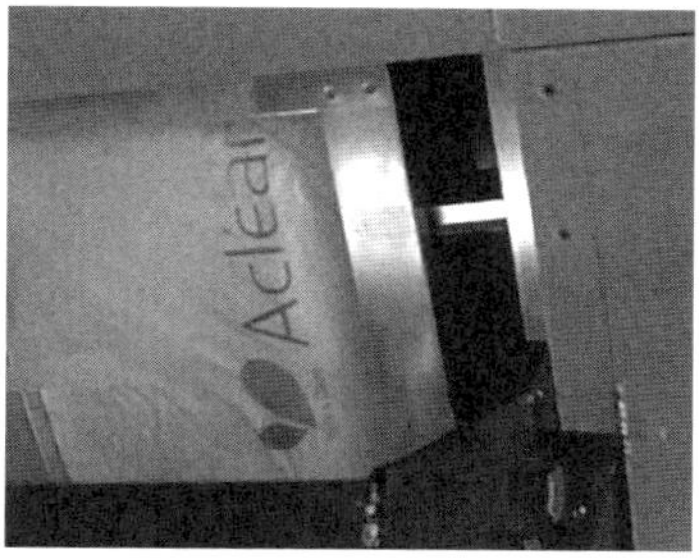

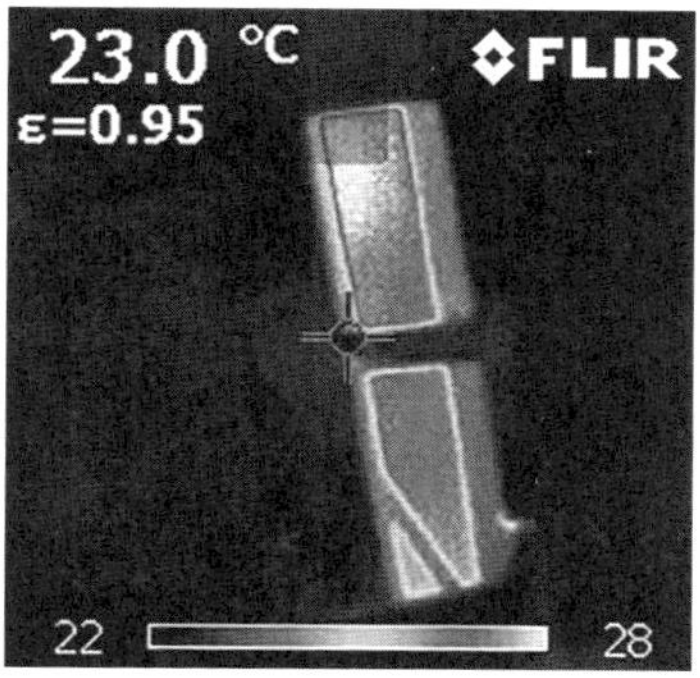

確認しているものですね。

崇 ダイワの断熱が星3つ、同じ鉄骨系のヘーベルハウスは星4つと差がつくのは、そういうことです。ヘーベルも昔はダメでしたけど、気がついて外断熱に切り替えた。内側の断熱はなしにしましょうとした結果ですね。

三井ホームの星5つは、さっき言ったダブルシールドパネルと、ここも充填系の断熱材ですけれど、入れやすくて厚みがしっかり取れるということです。

Q 木造VS鉄骨 断熱性・気密性はどっちが優位?

A 断熱性に優れるのは木造のほうです。

崇 ダイワと同じく積水ハウス、パナソニックホームズの鉄骨系の断熱評価の星も低めですが、基本的に高気密・高断熱というキーワードにこだわるのなら、選択肢はまず木造から入ったほうがいいと思いますね。

すきま風ピューピューの昭和の家のイメージがあ

るからか、木造の家は隙間だらけで、断熱・気密性が低いと思っている人がいますが、事実は全く逆。今の家は木造のほうに断然分があります。

博　鉄は木に比べて熱しやすく冷めやすい。つまり熱を伝えやすい（熱伝導率が高い）ということ。フライパンならそれがメリットになりますが、断熱は外気の熱を家の中に伝えてはいけないわけだから、デメリットになるわけですね。

さらに言えば、木造でもより断熱性・気密性が高いのはツーバイフォーですね。構造がシンプルで隙間ができにくいですから。

Q　全館空調比較①――三井と三菱では何が違う？

A　ダクトが曲がる、曲がらないの違いがあります。

崇　先ほどもふれましたが、全館空調システムに関しては、三井と三菱は全館空調が得意で、お互いに売りにしています。

博　これは東芝と三菱電機の違いなんですよ。三井が東芝のスマートブリーズ、三菱が三菱電機のエアロテック。実は、ハウスメーカーの中で一番最初に全館空調を取り入れたのは、三菱なんです。昔、アセットホームというブランド名でやっていた時代があるんですけど、その時代にエアロテックという名前で全館空調を発表した。当時は容量が小さくて、50坪を超えたらもう1台という感じでした。

問題は、空調のダクトが固定ダクトで、フレキシブルじゃないことなんですね。

崇 曲がらない。

博 曲がらないんです。それで四角いダクトを直角に曲げたいと思ったら45度に切って、突き合わせしてつなぐわけですね。職人が下手だと、これが42度ぐらいになって隙間ができちゃう。そうするともうアウトですね。

三井のほうの東芝製は、フレキシブルで蛇腹になっているから曲がる。だから、扱い勝手はいいけど要注意なのは、ダクトを梁下にくぐらせる場合に隙間が十分にないと……。

崇 潰れちゃう。

博 そう。ダクトに細い部分ができると、そこだけ急に空気の流れが速くなって、ダクト内が削れていく危険があります。これが現場のチェックポイントになりますね。空調の性能自体は両者ほとんど変わらないです。

Q 全館空調比較②——三菱の「部屋ごとに温度設定できる」ってどうなんですか?

A あまり意味がないです。

崇 よく三菱が三井ホームと競合した時に、「エアロテックは部屋ごとに温度設定ができます」という話をして差別化をするみたいですが、ただ全館空調ですから、「部屋ごとの温度設定ってするの?」って思うんですね。昔は三井ホームも個別で設定できる商品があったけど、お客さんのニーズがないのでやめたみたいですし。

博　全館空調は、家1軒を1部屋と見て、全体を一定にしておくことに意味があるわけで、三菱が部屋ごとの温度を変えられるからいいという話にはならないですよね。だから、全館空調に関しては両者に差はないと言っていいと思います。

崇　全館空調は家1軒をまるごと温めたり冷やしたりしますから、家の中に温度差がないわけですよね。いわゆるヒートショック、高齢者が冬場にお風呂に入った時、風呂場が寒くて血圧が上がってとか、そういうのが起きにくい。間取りもドアのないフルオープンの部屋とか吹き抜けも楽に作れる。

Q 全館空調は光熱費が高くつきますよね?

A いいえ、ある程度の部屋数があれば安いくらいです。

崇　全館空調は光熱費がかかるイメージがあると思いますが、意外にかからないですよね。

博　たとえばエアコンで各部屋をやる場合と、全館空調でやる場合を比較すると、もう5部屋以上だったら全館空調のほうが安いですよね、全館空調は1年中つけっぱなしですが、エアコンはつけっぱなしにしたらすごく光熱費がかかるので、外出している時は切る。そうすると、たとえば冬は、家に帰ってきた時の部屋の温度が10度以下とかになってるわけですね。その部屋を22~23度まで上げるには、初期電力をすごく使う。

でも全館空調なら、たとえば22度に設定しておくと、20度になったらまた動く。24度になったら切れる。これならエネルギーを使わないんですよ。それと機械で常時換気しているので、エアコンの家に比べて室内環境はきれいですよね。

崇 よく、全部屋がダクトでつながっているから、ダクトの中がカビると、そのカビが各部屋に行っちゃうなどという話を真に受けている人がいます。でも、基本的にダクトの中に気流が発生しているので、カビは発生しませんよね。逆に言うと、エアコンは止めますから、湿気がちの時は中がカビますから。

博 久しぶりにエアコンをつけると、なんか臭い匂いが出るでしょう。あれがカビなんですよね。全館空調はつけっぱなしなので、まずそういうことはない。

崇 全館空調のデメリットは、初期のイニシャルコスト。これは確かに高い。壊れた時も、全部機械交換する必要があるので、エアコンみたいに数万円で交換というわけにはいかない。

博 家全体の冷暖房が止まっちゃうし。

崇 そういう面も含めたコストパフォーマンスを気にするなら、やはりエアコンのほうがいいかなという人もいますね。あと長年のライフスタイルの中での思い込みで、とにかく窓を開けたい人がいるじゃないですか。風を通さないとカビちゃうみたいな。そういう人は、やっぱり全館空調に向いてないですよね。

博 全館空調にしたほうがカビないんですけどね。あと、家の中でタバコを吸う人。ダクトの中に煙が全部入っていって匂いが取れなくなる。だからタバコを吸う方は、1部屋だけ喫煙室を作って、そこは全館空調から外しておく必要があります。

大手ハウスメーカーへの素朴な疑問②

在来工法（木造軸組み）編

Q 住友林業の「ビッグフレーム構法」って何？

A 太い柱だから間口を広くとれると言いますが……。

崇　今度は同じ木造でも在来工法のハウスメーカーを見ていきましょう。住友林業、積水ハウスを在来の2大メーカーと呼んでいいと思います。

積水ハウスは「シャーウッド」、横綱・白鵬を起用したCMで知られる「ビッグフレーム構法」というのが住友林業の商品です。これらはツーバイフォーと違って、型式認定工法です。

ツーバイフォーはオープン化されている工法なので、決まったルールを守れば誰でも作っていいよと。一方の型式認定は特許みたいなもので、シャーウッドで建てたいよという人は積水で、ビッグフレームで建てたいとなると住友林業で建てるしかありません。

ビッグフレームというのは、要は集成材を使って柱や梁の断面寸法を大きく太くして、柱と柱のスパン（2本の柱間の距離）を大きく飛ばしましょうよ

■ 住友林業のビッグフレーム構法（HPより）

■ 三井ホームのGフレーム構法（HPより）

■ 積水ハウスの重量鉄骨フレキシブルβシステム（HPより）

最大9mの大スパンにより、
開放感あふれる空間を実現。

各階毎に柱が自由に配置できるだけでなく、最大9mの大スパンを可能にすることで、広々としたリビングダイニングなど、より自由度の高い空間設計を実現します。

という発想がスタートですね。ただ、そうは言っても、ホームページを見ると、最大間口が5・4mと書いてあります。三井ホームのツーバイがやっているラーメンの門型フレーム（Gフレーム）を使うと、最大7・3mまで全面開口が可能になるんですね。

だから、従来の在来工法との比較ならそうだけど、ビッグフレームでスパンが広くなるとはちょっと言えない気がします。比較対照のマジックですよね、いかにも広く取れますみたいなイメージ戦略というか……。

博　SE構法（耐震構法の一種）ほどは飛ばせていないしね。それに、柱のスパンを飛ばしたいのなら、やっぱり鉄骨のほうが有利です。積水の重量鉄骨だと最大9mぐらいまでスパンを飛ばせて、大きい間取りを取れますから。

Q 「梁勝ちラーメン構造」とありますが、これは何ですか？

A 通し柱がないのは、構造的には疑問符です。

崇　ビッグフレームは「梁勝（はりが）ちラーメン構造」が売りなんですね。

普通のラーメン構造は、下から上まで通し柱を立てて、そこに横の梁をかけていくわけですよ。梁勝ちラーメン構造はその逆で梁を横に通して、梁と梁の間に柱をかけていきましょうという発想だから、柱が割と自由に入れられるんですよね。

つまり、柱が一直線ではなく、各階でズラすこと

■住友林業の梁勝ちラーメン構造（HPより）

各階の空間を自由に構成できる構造。

ビッグフレーム構法は、梁勝ちラーメン構造なので上下階の通し柱が不要。そのため、各階の柱の位置を同じにする必要がなく、各階ごとに空間を構成できます。最大1.82mのキャンティレバーをつくることも可能なので、駐車スペースの上を居住空間として活用したり、広いバルコニーをつくったりすることができます。また、構造をそのまま活かし、将来的な間取り変更などにも柔軟に対応できます。

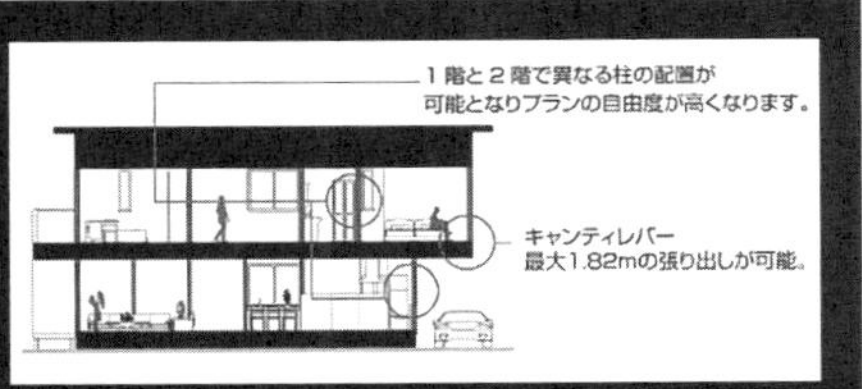

ができれば、設計の自由度が上がる。リビングをもう少し広げたいから、ここの柱をちょっとずらしてっていう。

だけど、さっきの構造計画の視点から言うと、基本的には通し柱を立てて上からの荷重をストレートに基礎に伝達させましょうというのが基本ですから、ビッグフレームの構造は、「なるほどこれは安定している」というものではないと思います。

次の図はラーメンと梁勝ちラーメンの図ですが、梁勝ちラーメンは下階の柱に「モーメント力」という力が常時かかってしまいます。

それと、ビッグフレームは極端に言うと、最大56cm幅の太い柱（普通の在来工法だと12cmセンチ程度）2本で家を支えますよ、みたいな考え方なんですよ。

そうすると結合部分が4箇所。どこか1箇所に不備があったりすると、支える力が75%になってしまう。部材の断面寸法が大きいということは、力がそこに集中していいという計画ですから、かなり

■梁勝ちラーメン構造（左）とラーメン構造（右）

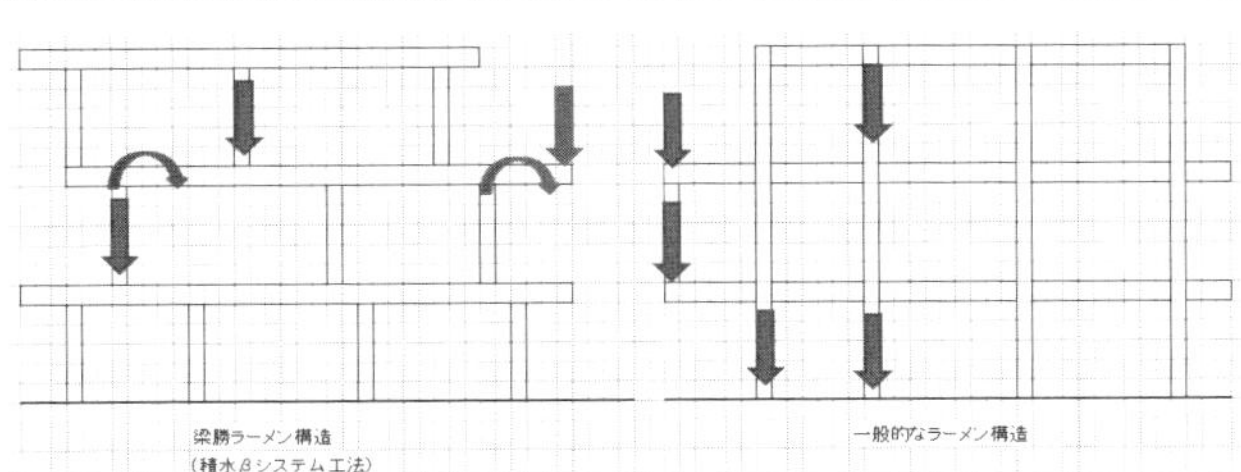

の力がかかるんですね。

さっきの門型フレームもそうで、スパンを目一杯飛ばすとなると、梁成（はりせい）（梁の高さ）を高くする。でも、そこにすごい荷重が集中するので、構造的にはやはり危ないところがあります。

梁が大きくなればなるほど、柱の長さは短くなってきます。短柱化というのですが、構造的にはヤバイ。折れてしまう可能性が高まりますから。

その辺を現場がきちんと計算して、バランスよく構造計画をすればいいけれど、とにかくビッグフレームの56センチの柱だから大丈夫なんだと考えると危険だと思います。

博　ビッグフレームは梁の成がでかいから、そこのバランスを考えないとね。

Q 積水のシャーウッドの特徴は何ですか？

A 昔はデザインが良かったのですが……。

崇　積水ハウスの木造ブランド、シャーウッドの特徴は……。

博　う～ん、特にないですね。ないところが特徴と言ってもいいかもしれません。

崇　ホームページやカタログを見ると、「ヒノキ」とか昔ながらの日本の家屋を想像させるような売り方をしていますよね。なんかヒノキっていいでしょ、みたいな（笑）。つまり、家そのもののつくりよりもソフト面を売る感じ。雰囲気づくりをする広告宣伝がうまいなと思いますね。

博 一番うまいよね。

崇 今よく目にするのは、「スローリビング」という言葉。こういうイメージ戦略がすごくうまい会社ですよね。

博 積水のCMはほとんど自社の展示場で撮っています。茨城県の古河に「住まいの夢工場」というモデルハウスが10何棟建っている広大な敷地があって、あそこで毎月のように撮っていますから、CMはやっぱり一番うまいですよね。

さっき特徴がないと言ったけれど、シャーウッドが発表された当初は、すごいインパクトあったんですよ、デザインに。

崇 そうでしたね。

博 ロビンフッドのシャーウッドの森がキャッチコピーで、あの当時としては非常にきれいなデザイン。ただその後はだんだん変わっていって、今はもうシャーウッドも鉄骨もそんなにデザインが変わらないですね。

崇 むしろ、積水の特徴は施工体制ですよね。木造も鉄骨も積和建設という子会社による100%直施工です。それが他のハウスメーカーとは違うところ。

ツーバイフォーメーカーでは三井ホームだけは自社施工部隊があると言いましたが、それでも外部発注もある。積水は100%自社だから、やっぱり現場の施工の収まり具合、それから施工不具合を設計品質に反映させたりとかは、比較的良いのではないかと思いますよね。積和建設自体も工務店として、木造の家を手掛けたりしていますから。

■ 積水ハウスのシャーウッド(HPより)

樹種の一例

檜

古くから、最高の材として日本人に愛されてきたヒノキ。緻密で目詰まりが良く、耐久性の高さが特徴です。

杉

日本の固有種である杉。様々な用途に使われ、親しまれてきました。年輪の幅が細やかで、美しく均一な木目模様が特徴。

木質パネル工法編

Q 「木質パネル工法」って何ですか？

A 工場生産したパネルを現場で組み立てる工法です。

崇　木造の家づくりは、在来、ツーバイフォーのほかに「木質パネル工法」と言われるものがあります。工場で生産したパネルを現場に持ち込み、枠材に接着させていくのでツーバイフォーと似ていますが、断熱材や下地材などもセットになったパネルを使うところが違います。

ミサワホームとヤマダ・エスバイエルはどちらもパネル工法です。ＨＰを見るとミサワは「木質パネル接着工法」ですが、エスバイエルはそのまま「Ｓ×Ｌ（エスバイエル）構法」。

これ、聞いても何のことか分からないですよね（笑）。

ミサワのパネルは、工場で中に断熱材を仕込んで両面を合板で張ったもの。これを運搬してきて現場で組み立てる。問題は断熱材の不具合ですね。濡れたり、ズレたり、あるいは工事中にめくって戻さな

■ ミサワホームの木質パネル接着工法（HPより）

■ ヤマダ・エスバイエルのS x L構法（HPより）

強固な六面体構造が抜群の剛性を発揮するSxL構法

- 抜群の強度
- 面で支えるパネル構法
- 独自開発のジョイント金物
- 片面パネル工法

かったりとかが見受けられますから。エスバイエルは片面パネルで、要は片面しか合板が張られていませんね。

博　木質パネルメーカーの特徴は、構造体の徹底的なコストダウンですね。

今は違いますが、エスバイエルは昔、2階の床のパネルの合板の厚さが3ミリしかなかった。だから、僕らが検査をする時は踏み抜いてしまうから、パネルを踏まないようにっていう怖い現場でした。今は2ミリ厚くなって5ミリになっていますが。

エスバイエルは、昔はけっこうきれいなデザインの家をつくっていたんですけが、「住まい21」というローコスト住宅を手掛けてから利益率が悪くなった。ものすごく売れたんだけど、売れれば売れるほど赤字になるという感じで、ヤマダ電機に吸収されましたね。

Q 木質パネル工法のミサワホームはどうなんでしょうか？

A パネルの厚みや断熱に問題があります。

崇　ミサワホームの構造体はどうなんでしょうか。

博　あそこは初期の頃から都市型のデザインが好評だったのと、「蔵」ですよね。階の間に1m40㎝以下の収納空間を配置するという独特の発想が受けたんです。

ただ、ミサワの構造体はやっぱり薄くて、ペラペラ感が否めないよね。3階建てになると強風で揺れますから。阪神淡路、東日本と大震災があったのに、ずっとパネルの厚み（90ミリ）を変えてないですね。
　それと断熱に問題があります。パネルに断熱材を工場で入れ込んで運んでくるんですが、危険性があるのは雨ですよね。断熱材は雨に弱くて、建て方工事（棟上げまでの組み立て工事）の時に一度濡れたらしっかり乾燥させないといけないのだけど、乾くのに日数がかかる。それで乾かないまま貼ってしまう現場が多いんです。

■ミサワホームの「蔵」（HPより）

■「蔵」は便利な水平・垂直収納

崇　もう1つは、1階と2階のパネルをボルトで締めつけるんですけど、その時に断熱材が邪魔になるので1回まくりあげて、ナットを締めてから元の位置に戻すんです。この断熱材の戻し忘れがけっこうあるんですよ。だから後から壁をサーモカメラで見ると、ポンポンと断熱欠損が見える現場が多いです。
　あとは、ミサワのパネルはツーバイと比べて全然ペラペラな壁で、壁の芯材が8センチで、それを挟む外側のベニヤが5ミリずつ。このベニヤに石膏ボードを貼っていくんですね。その時にビスをベニヤに打つと、5ミリしかないから突き抜けてしまう。そうすると、ベニヤに接している断熱材のビニールを破ってしまっている可能性がかなり高い。

博　可能性じゃなくて、間違いなく破っています。

崇　つまり、ミサワホームの断熱がなぜ星1個なんですかと言えば、断熱材が破れることで防湿層の連続が確保できていない。施工中に雨が降って十分に雨養生しない現場が多い。めくって戻し忘れが多い。こういうトリプルコンボがあるからなんですね。

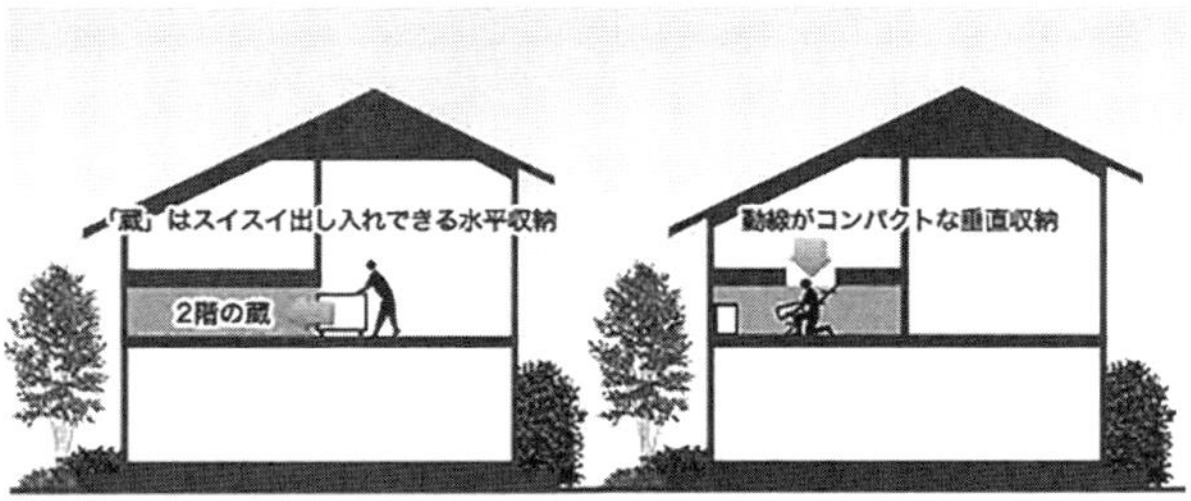

Q ミサワホームの耐震評価が低いのは？

A パネルのナットが緩むんです。

博　あと、ミサワのパネル工法の問題は、パネルを結合しているナットが緩むことです。緩んでも締め直せればいいけど、上から石膏ボードを貼ってしまうとそれもできない。

新築当初はしっかり締まっているけど、経年変化で木が痩せてくると緩んじゃうんですね。壁も床も天井も全部パネルで全部ボルト締めなので、これが大きな問題になります。過去見た中で、7年ぐらい経ったお宅が雨漏れして調べにいった時、天井のボードを剥がしたんですけど。ナットが手で回りましたから。

崇　ナットがなかったこともありましたね（笑）。

博　あれはひどかった。

ミサワホームの工事中写真。パネルの隅部に締め付け用の丸穴がある

パネルのボルトをとめるはずのナットが施工されていないことも過去にあった

崇　天井の四隅に穴があって上のパネルとボルトで結ばれているんですが、3m近い高さがあるから、ここのナットの締まり具合をたぶん現場監督は見ていない。これ見るには脚立に乗って確認しないといけないので、きちんと確認している人としていない人がいそうですね（笑）。

博　大工任せですよね。

崇　そういう意味で、残念ながら耐震は星1つになってしまいます。結局、ちゃんと理論値通りにつくって、品質が保たれているのであれば、どこもそんなに変わらない。けれど、メーカーによって評価が違ってくるのは、そういった現場の問題の多い、少ないなんですよね。

Q 一条工務店の複合パネルはどうですか？

A 品質管理が難しいやり方ですね。

崇　一条工務店は金額も安めで、けっこう売れている印象ですが、ここのやり方は、在来工法の中に木質パネル工法の壁を取り入れたような形。「複合パネル」と言っていますが、中に断熱材を入れて外にタイルまで張ったパネルですね。そうなると品質管理が難しいはずで、そこに弱点が出てきそうですね。

博　ここはパネルをフィリピンで作って、コンテナで運んで日本で組み立てています。でも、そのことがHPには一切書いてないんですよね。

崇　やっぱりイメージの問題ですかね。

博　一条の家は今、千葉のニュータウンでどんどん建っていますよ。あそこは建築条件付きと言って、土地とハウスメーカーをセットにするやり方でやっていますから。

一条工務店、建築現場の様子。躯体工事の段階で、すでに外壁タイルがほとんど完成している

崇　複合パネルという考え方は分かるんですよ。それがどんどん極まっていくと、セキスイハイムとかトヨタホームのユニット工法になってくると思うんですけれど、木質系で外のタイルまで貼ってきちゃうっていうのは、なかなか難しいと思います。

結局、防水の問題が出てきますよね。1階と2階の間を緊結させるのに防水紙を重ねていかなければいけないので、そこはどうしても現場で作業することになる。その時の雨養生をきちんとできますかという話ですよね。

ひとたび雨が壁の中に入ってしまうと、外にタイルが貼ってありますから水を出せないですよね。もし出せるぐらいだったら、引っ越した後に雨漏りするということですから。しかも、断熱材が中に入ってしまっているので乾燥させせづらい。雨が入ったら一発でカビちゃうだろうなっていう作り方ですよね。

大手ハウスメーカーへの素朴な疑問④

鉄骨造編

木造と並んで多いのが鉄骨造の家です。積水ハウス、ダイワハウス、旭化成ヘーベルハウス、パナソニックホームズ（旧パナホーム）などのハウスメーカーが、鉄骨を骨組みとする家づくりを得意としています。木より鉄骨の家が強いとは言えないと、木造住宅のところで説明しましたが、では、鉄骨造のメリット、そして各メーカーの違いは何かを探っていきましょう。

Q 軽量鉄骨と重量鉄骨は何が違うの？

A 鉄骨の厚みの違いです。

崇 まずは軽量鉄骨と重量鉄骨の違い。これが一般の人にはよく分からないですよね。軽量鉄骨と重量鉄骨は、何で区別されるんですか？

博 鉄骨の厚みですね。ヘーベルハウスの重量鉄骨

■ヘーベルハウスHPより

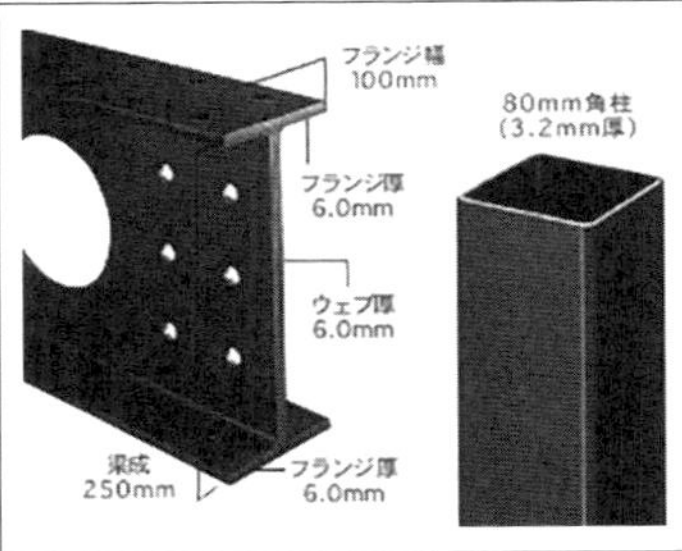

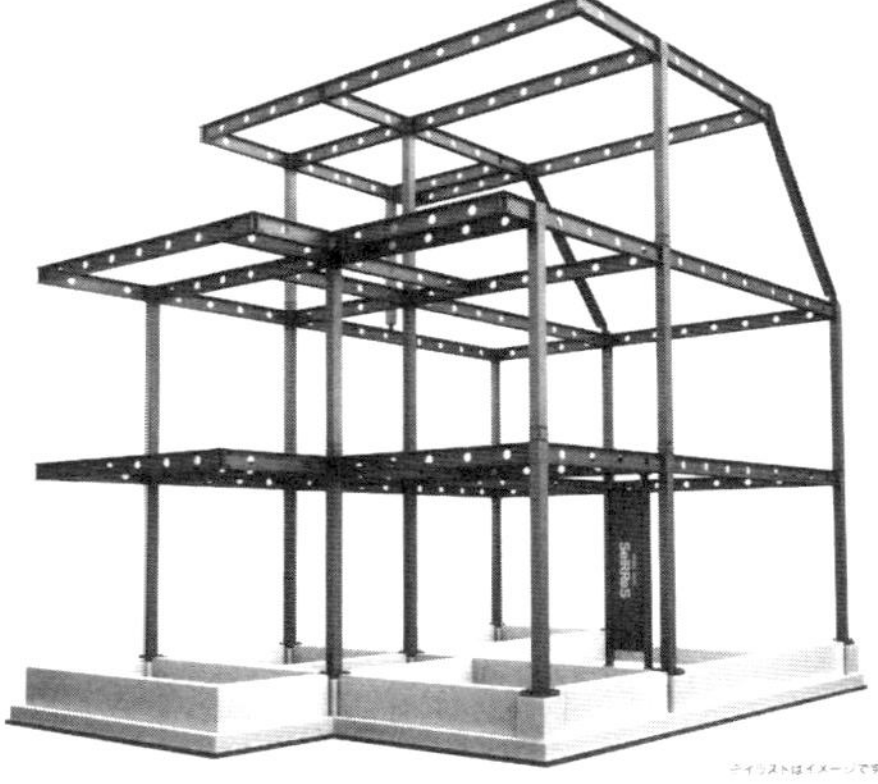

※イラストはイメージです。

大断面の柱と梁で、強く、美しく自立する

[重鉄・システムラーメン構造]

1981年、3階建て住宅の工業化第1号を誕生させたヘーベルハウス。そのパイオニアとしてのノウハウを結集し、ビルなどの大規模建築で多く採用されるラーメン構造を住宅用としてシステム化。大地震時にも高い安全性を発揮する重鉄・システムラーメン構造を完成させました。重量鉄骨の柱と梁を強固に接合することで生み出される強靭な構造躯体は、内側に大きな「無柱空間」を実現。敷地に制約のある都市においても、全面窓やピロティガレージなど豊かでダイナミックな空間を創出できます。

粘り強い骨格を叶える

[鉄骨柱・鉄骨大梁]

ヘーベルハウスの3階建てには、150mm角・9.0mm厚の骨太・肉厚な角柱と大梁を採用。大地震に立ち向かう粘り強さを発揮するとともに、仕切りのないワンフロア大空間などプランニングの自由度も高めます。

※いずれも使用頻度の高い部材寸法です。
商品・仕様・部位により寸法は異なります。

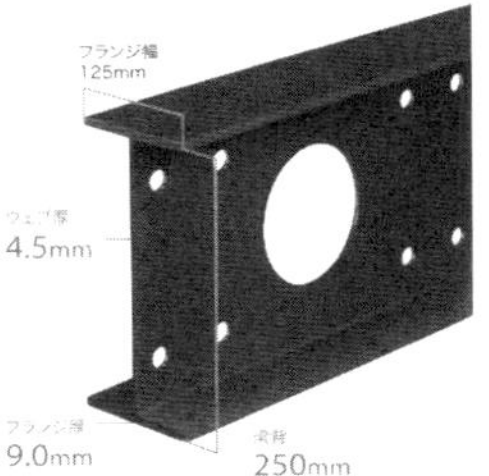

の柱だと厚さ9ミリの鉄の板の角柱、あるいは梁に使うH形鋼だとフランジ（2本ある短い方）の厚さが9ミリ、ウェブ（長い方）が4・5ミリ。

崇　軽量、重量という言い方は建築基準法などの用語ではありませんが、業界内で一般に6ミリ厚未満の鉄骨を軽量鉄骨と呼んでいるようですね。へーベルハウスは重量鉄骨のイメージが強いですが、2階建てまでは通常、軽量鉄骨ですね。

博　へーベルの軽量鉄骨は角柱が3・2ミリ、梁のH形鋼のフランジも6ミリになっていますね。

崇　他の軽量鉄骨のメーカーも3・2ミリで統一されていると思いますね。

Q 鉄骨の弱点は何ですか？

A まずは錆です。キズのケアをきちんとしないといけません。

博　軽鉄と重鉄だと、やっぱり重鉄のほうが柱と柱のスパン（間隔）を飛ばせるんですよね。

崇　積水で言うと、軽量鉄骨の最大スパンが7m。重鉄になるともっと飛ばせるということですね。

博　さっき、木造のところで柱のスパンの話が出ましたけれど、やっぱり基本的に鉄骨のほうが飛ばせるから、間口を広くとれますね。ただ、鉄骨の問題は錆になりますね。

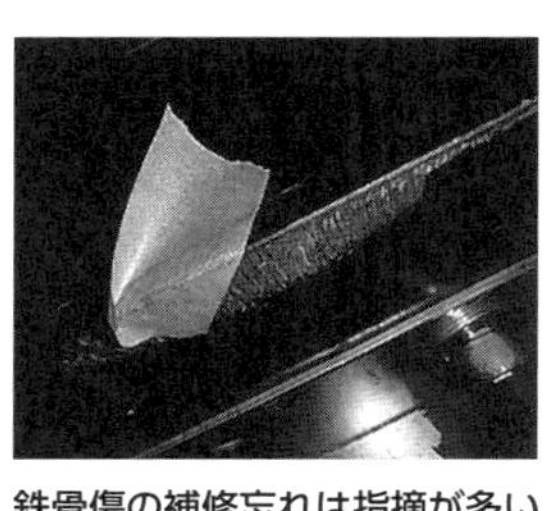
鉄骨傷の補修忘れは指摘が多い

崇　そうですね。鉄骨を組み立てる時にクレーンで吊り上げるんですが、その作業中に必ず傷がつきます。

博　鉄骨どうしがぶつかりますからね。

崇　それを錆止め塗料を塗っておかないと、ゆくゆく錆びてしまいます。しかし、これもスプレーで色だけ付けるような補修を現場では、しばしば目にしますね。これだと、塗膜の厚みが全く不足して、錆止めとしては意味がありません。

Q 他に鉄骨のデメリットはありますか？

A 断熱と揺れることです。

博　鉄の弱点は錆と、もう一つは木造のところでも説明した断熱の問題。熱伝導がすごくいいですから、断熱処理をうまくやっておかないと暑さ寒さが室内に伝わりやすい。

それから、意外に思うかもしれませんが、鉄骨の家は木の家に比べて軽くて柔らかいですから、地震の時に揺れやすいです。だから、各社ともその揺れ幅を小さくしようと、制震構造を取り入れていますね。

写真は積水のシーカスとダイワのシグマ、ヘーベルのサイレス。こういう制震システムを入れて揺れを抑えようとしているわけです。

崇　これも、鉄骨のほうが木より強いというイメージのある人は、不思議に思うでしょうね。もっとも、揺れるのと倒壊しやすいのは別で、木造より耐震性で劣るという意味ではありません。ただ、揺れるの

■ ヘーベルハウスのサイレス（HPより）

■ 積水ハウスのシーカス（HPより）

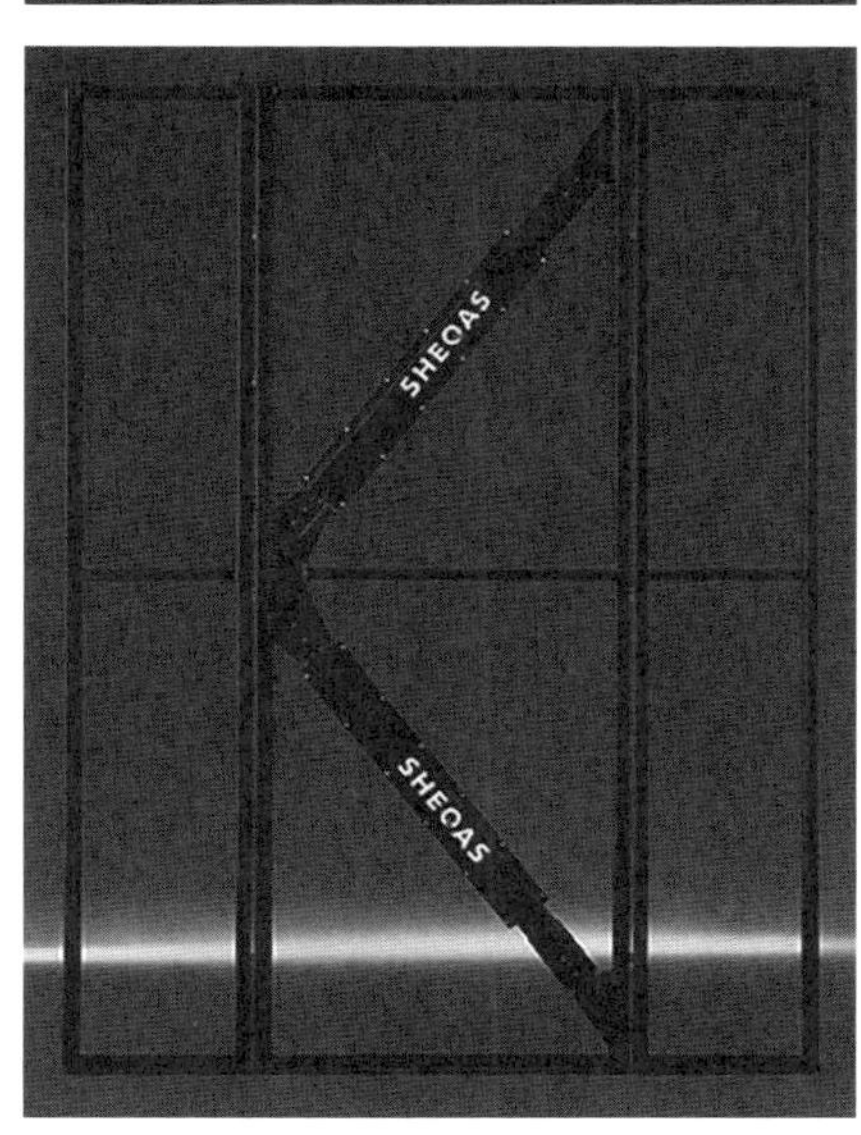

■ ダイワハウスのシグマ（HPより）

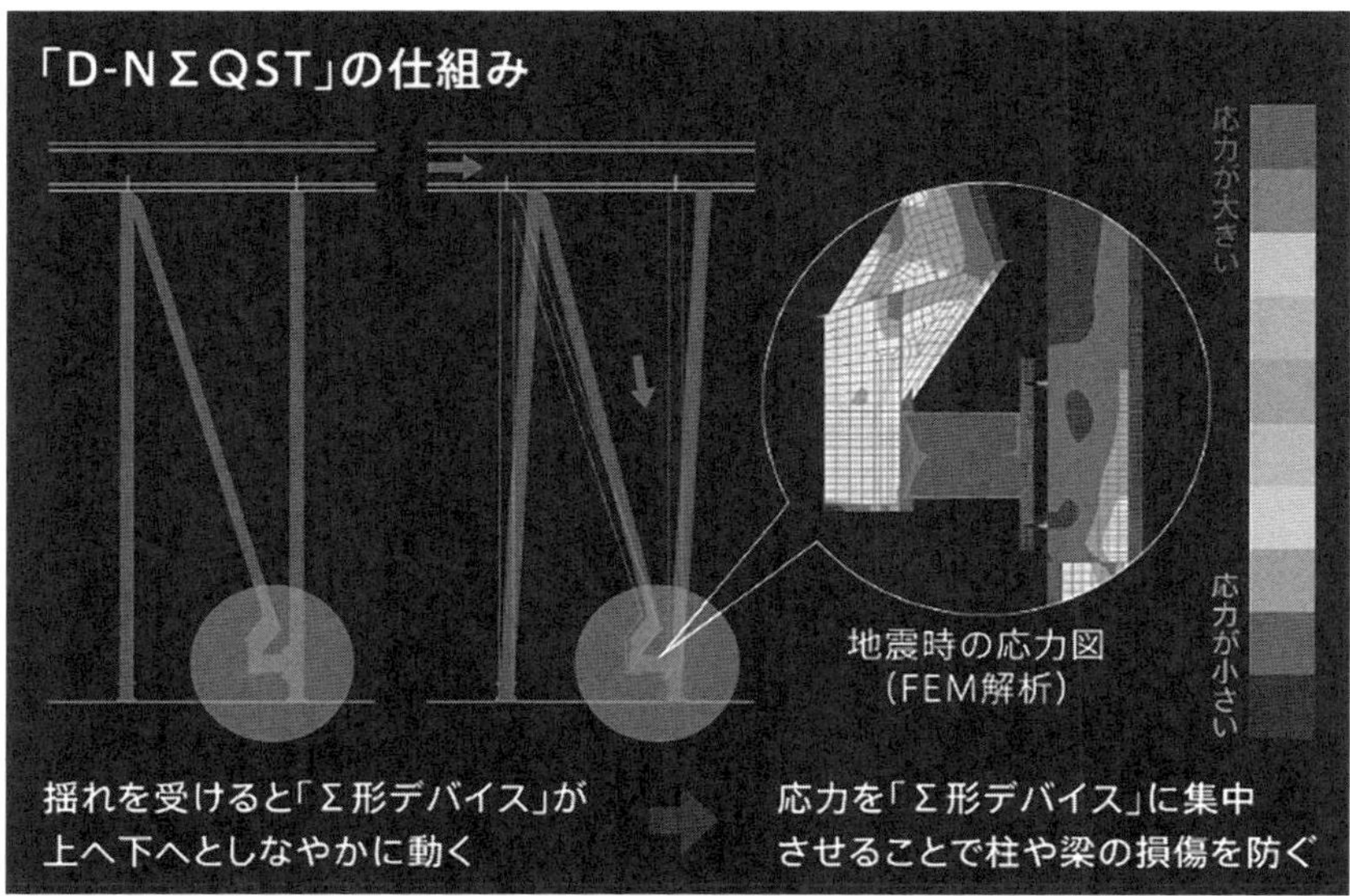

は事実ですね。

博　それで、揺れのエネルギーを吸収するダンパーという装置を設置したりして制震構造にする。それは分かるけど、結局、鉄骨の弱点とすれば、1回でも大きな地震で鉄骨自体がダメージを受けちゃうと復元できないわけです。木なら補修が比較的容易にできますが、鉄骨を直すには、大掛かりになるケースがあります。

Q 鉄骨造は木造より火には強いですよね？

A それは思い込みです。

博　鉄は木よりも火に強い。このイメージも多くの人が持っていますよね。実際、さっきの耐震の話で、単体の材料で比較すれば鉄は木より強い。それと同じで、鉄と木に火を着けたら木のほうが燃えやすい。それは間違いないです。

でも今は、木造の家であっても構造体の木がむき出しになっているようなことはないわけですよ。つまり、今の日本の住宅は建築基準法によって、中から火が出た時、主要構造物である柱とか梁がすぐに火に覆われるようにはなっていない。

もちろん、何時間も燃えていたら話は違います。その場合は木でも鉄骨でもアウトです。でも30分とか1時間という時間であれば、主要構造物には火がいかない構造体になっている。だから、火に強いのは鉄だろうという議論はあまり意味がないです。

崇　鉄は燃えないと言いますが、耐火建築物という

パナソニックホームズの５階建て。重量鉄骨だが、耐火被覆工事を実施している様子

火に強いという基準をクリアするには、鉄骨であっても被覆工事、つまりは燃えにくいような加工が必要になります。だから鉄骨がすごく火に強いわけでもないんですね。

博 ５００℃にもなると強度は半分くらいになって、そのうちグニャッって一気に曲がっちゃいますから。

崇 よくニュースで火事の現場が映るとだいたい木造だから、木造は火事に弱いって思っちゃう。でも世の中の住宅は木造が圧倒的に多いわけだから、たまたま木造なだけで。

博 工場なんかで大規模火災が起きた時は、もう全部、梁が曲がっていますよね。ああいう火災が起きれば、鉄骨住宅もああなっちゃうんです。

Q 鉄骨メーカーの人は「木より鉄骨のほうが強いですから」と言いますが……。

A 住宅規模なら木も鉄も変わりません。

博　木造のところでも言いましたが、確かに鉄のほうが木よりも単体でみたら引っ張りにも曲げにも強い。でも、住宅規模であれば、柱のスパンを何10mも飛ばすわけではないので、材料の強弱は関係ないと思います。

崇　たとえば、さっき言ったようにヘーベルハウスの軽量鉄骨は8センチ角の柱で、3・2ミリの厚みの鉄骨の柱を使う。じゃあ木造で同じぐらいの強度を持つのに、この柱の太さでこの質量で、この配置でというのを決めている。だから、木と鉄とどっちが強いの?という議論はあまり意味がないですよね。

博　そう、強度について木か鉄かというのはあまり関係ない。ただし、階数がどんどん上がっていけば、それはもう鉄の鋼材のほうが有利。住宅規模なら変わりはないという話です。

鉄骨メーカーの営業マンが木造メーカーと競合した時は、「鉄のほうが強いのは分かりますよね」っていうところから入る。「火事になっても木は燃えちゃいます。鉄は燃えないですよね」と、この2点で、まず差別化をしていくわけですよね。

そこで、一般の方はそういうイメージを抱きがちですが、住宅の規模だったら、あまり変わらないですね。きちんと設計して、きちんと工事すれば、どっちが強いっていうことはない。

崇 ビルになってくると木造がないから、結局、鉄のほうが強いとか、コンクリートのほうが強いというイメージになるんじゃないですかね。「だって60階建ての木造ってないじゃん」ということで（笑）。

積水なんかは木造も鉄骨も手掛けていて、営業マンも「両方の工法を知っているからベストの提案ができます！」なんて言います。これ、逆に言えば、低層住宅ならあまり差異はないという証ですよね（笑）。

Q 鉄骨造の遮音性はどうなんですか？

A 床にＡＬＣ板を使っていれば遮音性は高いです。

崇 鉄骨造の遮音性の問題ですが、「木だと音が抜けちゃうけど、鉄骨造はＡＬＣ板（断熱性・耐火性に優れた軽量気泡コンクリート）を使っているから遮音性能が高いですよ」というのが、たぶん鉄骨メーカーの売り方でしょうね。

ヘーベルハウスと競合したメーカーは、「ヘーベルハウスは自社でＡＬＣ板（ヘーベル版）を作っているから、本当は必要ないのに全部ヘーベル版を使う」とネガティブトークする場合があるらしいのですが、床はやはりヘーベル版のほうが、遮音性能は高いですからね。

博 積水ハウスもダイワハウスもＡＬＣ板を使って

■ 旭化成のヘーベル版

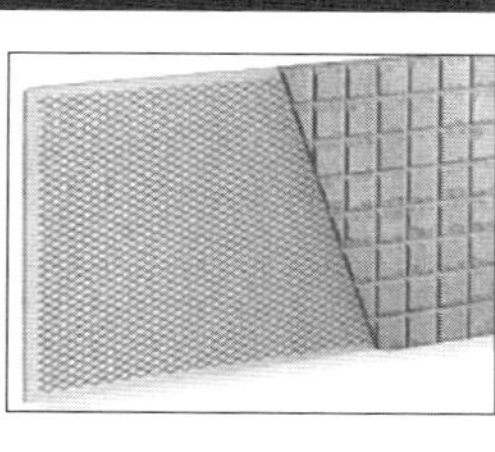

いますから、その言い方はおかしいよね。ダイワは2種類あって、床の標準は木質パネル、オプションでALC板と2種類用意しています。ヘーベルは旭化成の商標なので、厳密にはALC板と言いますが、ヘーベル版の名前で業界に浸透しちゃったんですね。

■ ALC板を使った床（パナソニックホームズ）

Q 鉄骨と木造で施工ミスが起こりやすいのはどっち？

A 鉄骨のほうがミスは起こりにくいと思います。

崇　ヒューマンエラーによる構造瑕疵（かし）は、間違いなく鉄骨のほうが起きづらいと思います。

鉄骨を組み立てる時、間違えて違うところへはめ込んでしまうとか、それはまず起きない。材料は決まった場所にしか付けられないようになっているし、上から順番にこの機械で締めていくという作業ですから、高度な技術はあまり必要ないですよね。

公差と言って、一本一本の鉄骨の微妙な違いは出るので、プラスマイナス何ミリまでは製品検査合格ですと基準を決めているんですね。その公差が厳しいほど躯体精度は良くなるのですが、木造に比べれば公差がすごく少ないので、普通にやっても、だいたい建つという感じですね。木造は職人さんの技量とか丁寧さとかでかなり違ってきますが。

博 先ほど言ったナットを締めてなかったとか、そういう問題外のエラー以外はそうですね。

施工の話だと、鉄骨メーカーでは、木造のところでも説明したように、積水は完全に子会社が作っています。ヘーベルは自社でやる場合と工務店発注がある。パナとダイワは施工会社を持っていないので、完全に工務店発注です。ただ、さっき言ったような理由で、一般的に木造ほど施工のバラツキが出ないとは言えますね。

Q 最近は重量鉄骨もやるメーカーが増えていますね?

A そうですね。各社の違いを見てみましょう。

博 ヘーベルハウスは軽量鉄骨と重量鉄骨で、根本的に構造体が違います。2階建ての軽量鉄骨の場合は制震パネルを使っていますが、3階建て以上の重量鉄骨の場合は、柱と梁だけで構成する、いわゆるラーメン構造です。プランによっては、制震フレームを計画する場合もありますが。

積水の軽量鉄骨2階建ての場合は、ヘーベルの制震パネルに代わるのがブレース、木造で言うバッテンの筋交いです。縦横のラーメン構造じゃなくて、斜めのブレース構造なんですよ。そこに制震パネルの「シーカス」というものが付いているんですね。

崇　だいたいどのメーカーも1、2階は軽量鉄骨で、3階以上になると重量鉄骨のプランを出してきます。ただ、ダイワハウスだけが、3階でも軽鉄のプラン・見積を出してくるんですよ。

だから3階建ての鉄骨を、積水とパナとダイワで検討する人だと、ダイワがけっこう安い。それで「ダイワハウス、いいね」となるケースがあるんですが、実は軽鉄と重鉄の違いがあって、ダイワで重鉄で出し直すと、金額が一気に跳ね上がるという……。

博　根本的に違うものを比較しているんだけど、そのへんが分からない人もいますからね。

Q　3階建てだと重量鉄骨のほうがいいですか？

A　そうは言えないと思うのですが……。

崇　以前は重量鉄骨と言えば、ヘーベルハウスの独壇場でしたが、最近は各社とも重量鉄骨を売り出しています。もちろん、鉄骨の厚みが違いますから、比べれば重量鉄骨のほうが頑丈だとは言えます。

ただ、重ければ重いほど、地盤改良などのお金もかかってきますし、3階以上の住宅は重量鉄骨で、みたいな風潮はどうかと思うんですよね。だいたい、各社ともなぜ重量鉄骨にし始めたんですかね。

博 響きがいいからでしょう。軽量って、文字どおり軽いなーって感じがするんじゃないですかね。

崇 ヘーベルハウスも昔は3階以上も軽量鉄骨でやっていた時期がありました。ある時から2階までが軽量鉄骨で、3階以上は重量鉄骨にしましょうっていう売り方に変わって。だけど、住宅レベルで柱のスパンが9mとかって必要ですか?

博 あまり必要性はないよね。

崇 木造はもっとスパンが短いわけだから、本当は軽量鉄骨で十分計画できるわけでしょう。

博 ヘーベルハウスは昔から「頑丈な家」を売りにしていて、そこにファンがついていた。それで大きな震災とか洪水とかがあってヘーベルの家が注目された。聞けば、重量鉄骨をやっていると。そういうニーズをメーカーが吸い上げにかかったということですかね。

崇 僕の感覚で言うと、3階でも軽鉄で全然OKで、わざわざ重鉄にする必要はないと思います。重鉄のほうが軽鉄に比べて揺れにくいというのはあると思いますが。

博 メーカーの側から見ると、3階で軽鉄をやると、柱のスパンがあまり飛ばせないから広い空間が取れない。すると木造の軸組と同じような感じになっちゃうから、差別化ができないということはあると思いますけどね。

Q 鉄骨メーカーの断熱の違いはありますか?

A かなりあります。説明しましょう。

博　鉄骨の4大メーカーの中で、鉄骨の外側で断熱処理しているのはヘーベルハウスだけです。それ以外の3社も「外張り断熱」を謳ってはいるのですが、厳密に言うと違うんです。

まず、外断熱とは何かを説明しましょう。たとえば冬の寒い時期、部屋の中は23度で暖房していて、外が仮に0度だったとします。その時、鉄骨が外気に接していると鉄は0度になってしまい、それに23度の空気が接触すると、鉄が汗をかく。つまりは結露です。先にも説明しましたが、鉄は熱伝導がいいのでヒートブリッジ（熱橋）現象を起こすわけですね。

これが鉄骨造の弱点であり、鉄骨メーカーはこの弱点をカバーするには、鉄骨が外気に接しないように外側で断熱処理すればいい。外側で蓋をしてしまいましょうと考えた。これが外断熱の考え方です。

崇　その外断熱を各社とも「できます」と言っているわけですが、きちんとできているのはヘーベルハウスだけという話ですね。鉄骨の家は断熱材をきちんと納めるのが難しいですから。

簡単に言うと、鉄骨の柱が断熱材が隙間なく入るのを邪魔してしまう。だから、断熱材を外側に入れ込むのであれば、その分を考慮して躯体を作らないといけないということ。それができて初めて「外断熱」と言えるわけですよね。

次ページの図がダイワハウスの外壁ですね。ここ

■ダイワハウスの外張り断熱（HPより）

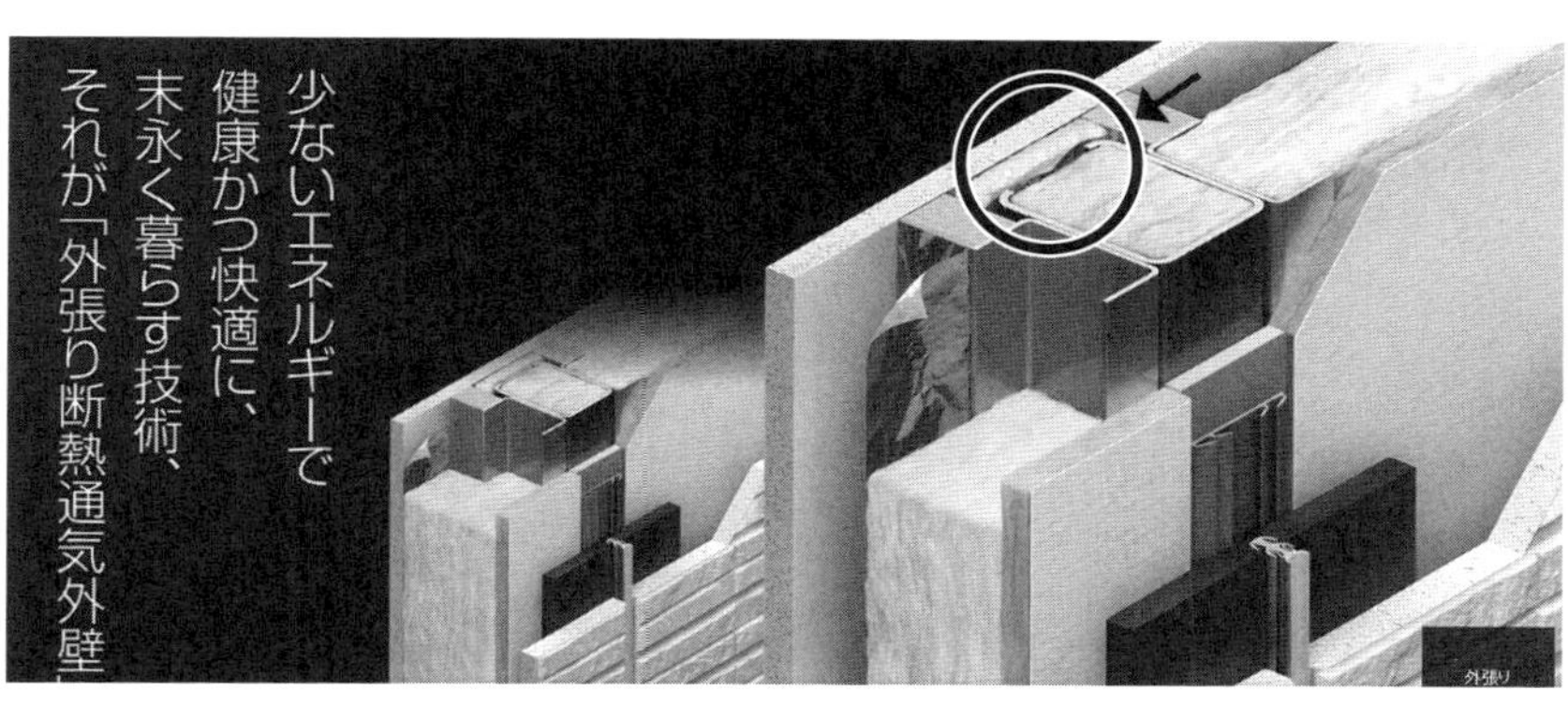

には「外張り断熱通気外壁」って書いてありますから、ダイワハウスは外側で断熱していますと言っているわけです。でも、実際にダイワハウスの現場でサーモを使って断熱の状態を見ると、やはり柱が冷たいんですよ。丸囲みの部分は、断熱材も薄く、断熱性能は間違いなく期待する性能は出ていません。

また「外断熱」と「外張り断熱」という言葉遊びも見逃せないですよね（笑）。

次ページ上段の図は積水ハウスの断熱イメージですが、天井断熱となっています。これだと鉄骨造の場合には、天井梁下に断熱材を施工するため、断熱材の厚みが確保できなくなります。

ヘーベルハウスはそこのところを考えて外断熱のシステムを独自開発した。簡単に言うと、屋根を含む鉄骨躯体の外側に「断熱ゾーン」をつくり、柱のところまで完全にくるんでしまう断熱設計（外断熱）になっているわけです。

逆に言えば、そこまでしないと、鉄骨造できちん

■ 積水ハウスの「ぐるりん断熱」（ＨＰより）

■ ヘーベルハウスの「ヘーベルシェルタードダブル断熱」（ＨＰより）

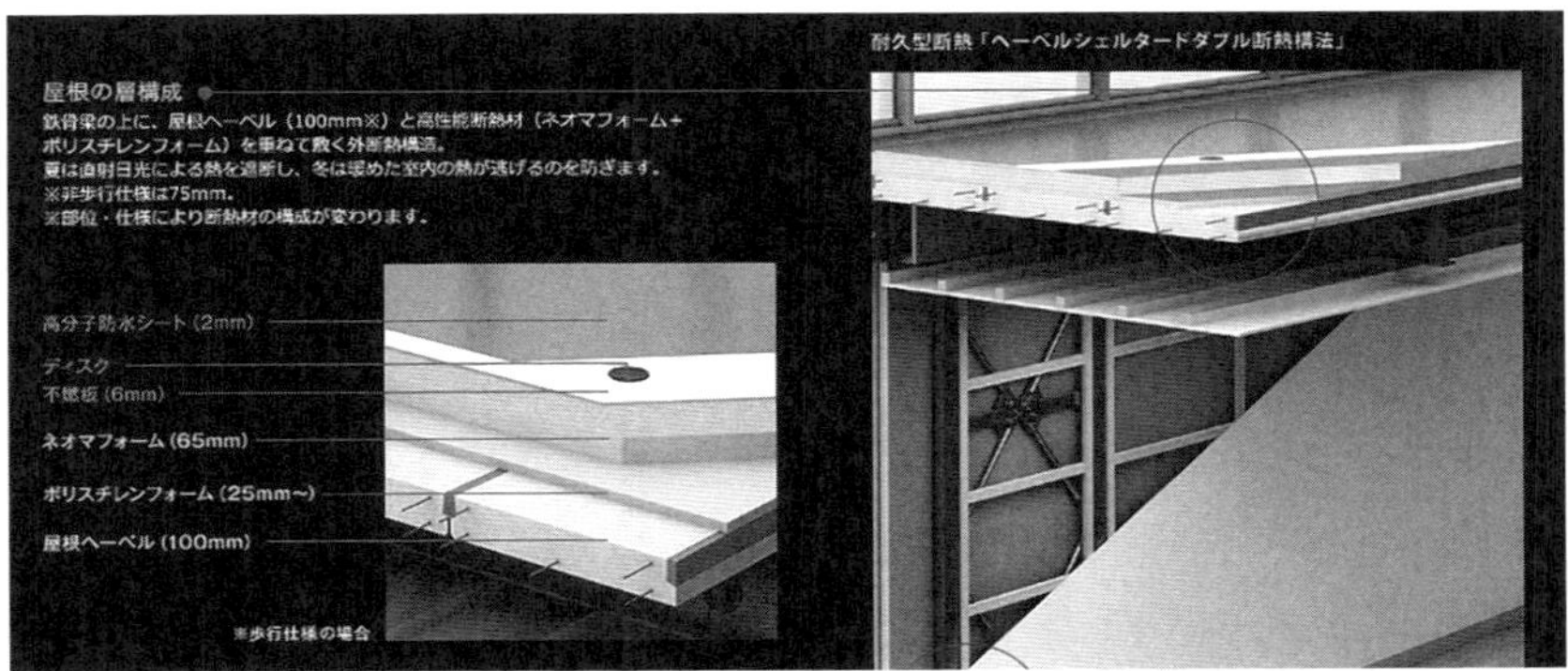

と断熱するのは厳しいということですよね。

博　だから寒冷地などでは、鉄骨は基本的にやめたほうがいいと思います。

Q 外断熱をきちんとしていれば問題ないですか?

A 外断熱は完璧にはできません。それと部屋が狭くなります。

■ 写真は梁の部分断熱施工前を撮影したもの

崇　外断熱の問題はまだあります。外からくるむということは、壁がどんどん厚くなっていくということ。そうすると、必然的に部屋が狭くなります。ここは鉄骨造の永遠のテーマだと思います。

博　それと、ヘーベルでもダイワでも、外断熱していますよと言っても、バルコニーの部分なんかもありますよね。そこに出ている梁の鉄骨も中の鉄骨と全部つながっているわけですね。だから、厳密に言えば、そこも断熱処理をしなければいけないのですが、そこまではできないですよね。そうすると、そこだけは外気の0度がそのまま伝わってしまうから、どうしても鉄骨の最大の弱点は断熱になる。その点、木造は全然その心配はないですから。

崇　天井でもへーベルの場合は、外側で断熱しているんですね。ダイワハウスの天井断熱は、木造の断熱のところで説明したとおりです。断熱材が入られないほどが狭い箇所があるので、そこはグチャッと潰して入れることになる。そうすると、断熱材の空気がなくなってそこだけ断熱性能が低くなってしまうということです。

「部屋を狭くしてもいいから断熱をきちんとして」と言われたらできるんでしょうけど、みんな目一杯、部屋の広さを取りたい。そうすると、必ずどこかにしわ寄せが出ちゃうという話ですよね。

Q　各社の断熱性・気密性は何を見たら分かりますか？

A　C値、Q値といった指標があります。

博　断熱性、そして断熱性と関係の深い気密性（隙間の量）の話になると、一般の人のイメージは事実と逆のことが多いと思います。

昔の日本家屋は、湿度があって暑いという日本の夏をいかに快適に過ごすかという家づくりで、軒を深く出して直射が当たらないようにしたり、わざと隙間を作ったりというのが、１９７０年以前の木造家屋ですよね。そのイメージからすると、木造の家のほうが断熱性・気密性が高いというのはピンとこないと思います。

■ 一条工務店のＨＰより

全棟で気密測定を実施

実測値平均はC値 0.61 cm²/m² ※を達成

弊社では、確かな性能をお届けするために全棟気密測定を実施。2006年の施工現場における平均実測値はC値0.61c㎡/㎡※でした。つまり、建物の総隙間面積は一般住宅の1/16。その気密性は次世代省エネルギー基準（Ⅲ地域以南）の約8倍に相当し、北海道（Ⅰ地域）の基準もクリアするほどの高性能です。

※プラン等により数値は若干異なる場合があります。

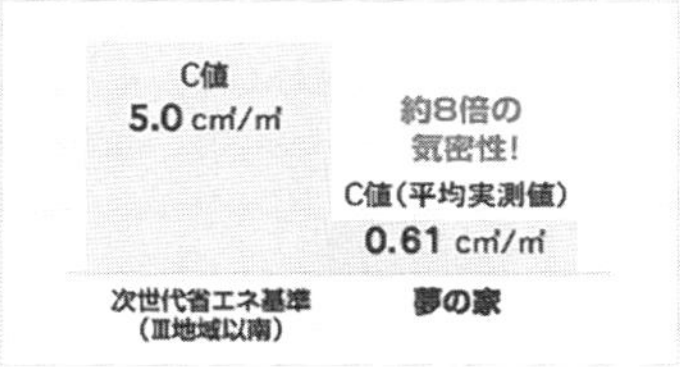

C値
5.0 c㎡/㎡
約8倍の
気密性！
C値（平均実測値）
0.61 c㎡/㎡
次世代省エネ基準
（Ⅲ地域以南）
夢の家

だから、そこを分かってもらうために最近は、Ｃ値（隙間相当面積）＝気密性とか、Ｑ値（熱噴出係数）・ＵＡ値（外皮平均貫流率）＝断熱性とかを数値で表すようになった。そこから高断熱・高気密という定義が出てきたんですね。

崇　その数値ではっきりしたのは、木造より鉄骨造のほうが気密は苦手だということ。

一条工務店のＨＰには、ツーバイでＣ値０・61とかありますが、ヘーベルハウスや積水ハウスはＣ値を公表できていません。つまり、鉄骨造はＣ値があまり良くないということです。

博　鉄骨はどうしても木造に断熱性・気密性で劣りますし、そうなると省エネという点でも弱い傾向になりますよね。

Q 結局、鉄骨メーカー各社の特徴は？

A カタカナ名前のシステムに惑わされないでください。

崇　鉄骨の場合、構造躯体はそんなに差別化ができないじゃないですか。そうすると、何で変えてくるかっていうと、外装材か断熱か換気ぐらいしかない。それで、そのあたりを商品化して、謳い文句にしていると思うんですよね。

外壁で言うと、積水はダインコンクリート、ヘーベルはヘーベル版、パナはキラテックという外装だと。ただ、名前は違うけど他社も同じような技術を使っているという部分はあって、それを売りにするかどうかの違いですね。

崇　パナソニックホームズの換気システムで、「ピュアテック」というものがあるんですよ。基礎のところから外気を取り入れて各部屋できれいな換気をしましょうというものですが、これも結局、気密性が高くないとあまり意味がないですよね。

パナソニックは家電に強いですし、結構そういうイメージ戦略がうまいですよね。構造躯体がパワテック、外壁がキラテックみたいな。

博　テックで攻めてきますね（笑）。大事なことだから繰り返しますが、これに限らず、たとえ良いものであってもカタカナ名前に惑わされないほうがいい。理論どおり実際に作られているかどうかは、別問題ですから。

■パナソニックホームズの「家まるごと断熱」（HP より）

「家まるごと断熱」+
「エコナビ搭載換気システムHEPA+(プラス)」で地熱を活用。

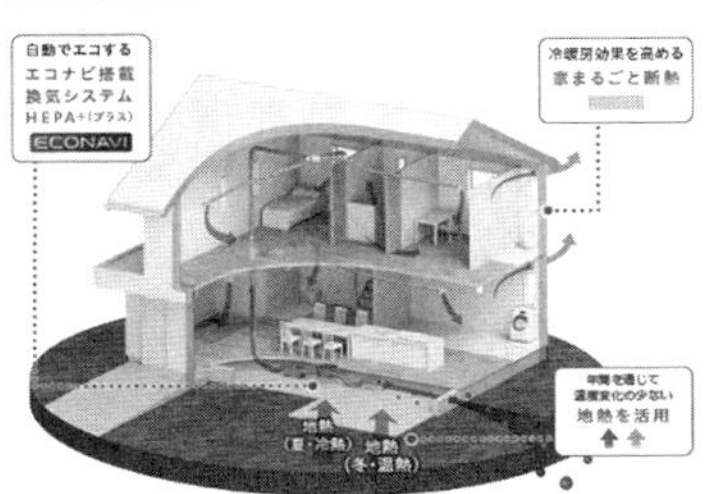

パナソニック ホームズの住まいは、天井や外壁はもちろん基礎の内側まで断熱材ですっぽり包み込む「家まるごと断熱」で、熱ロスを抑えます。一方で、床下からの熱は遮断せず、年間を通して温度変化の少ない"地熱"をダイレクトに活用。ベース空間（床下）のきれいな空気を「エコナビ搭載換気システムHEPA+（プラス）」で室内に取り込み、快適な室内環境を、少ないエネルギーで実現します。

▸ 換気についてくわしくはこちら

※商品により仕様が異なります。

家づくりの主な工法

工法	特徴	メリット	デメリット
木造軸組工法（在来工法）	木の柱と梁、筋交いで構成。昔ながらの伝統的木造工法。	多くの工務店も対応。比較的コスト安。構造的な制約が少なく、間取りの自由度が高い。増改築のリフォームもしやすい。	耐力壁の量と配置が重要で、構造の知識が問われる。緊結金物の配置も重要で全数チェックが必要。木材の特性上、構造材の防腐・防蟻処理も重要。
ツーバイフォー工法	床、壁、天井から成る「面」で構成。北米から輸入された壁工法。	面構成の箱形構造のため、耐震性が高い。すき間ができにくく、断熱性・気密性に優れる。柱の出ない広々空間がつくりやすい。	開口部の位置や大きさなどに少し制限が出る。取り除けない壁があり、増改築には注意。上棟までの時間がかかる。
鉄骨プレハブ工法	軽量鉄骨を骨組みとする軸組工法。ラーメン構造とブレース構造がある。	強固な構造で、耐震性が高い。不燃物をパネルに使用し、火にも強い。在来工法などに比べて工期が短い。	多くの部品・部材は規格化されている。標準外のプラン・仕様は割高。ヒートブリッジ現象で結露しやすい。
木質パネル工法	工場生産した木質パネルを枠材に接着させて組む壁工法。	工場生産ゆえ工期が短く、品質も安定。耐震・耐風・耐火性に優れている。断熱性・気密性が高い。	間取りや外観デザインの自由度が低い。着工後の変更、増改築に対応しにくい。床下、壁内の通風に注意が必要。
ユニット工法（鉄骨造・木造）	工場で建物空間を箱状に組み立て、現場で組み合わせる工法。	現場工期が最短で、精度・品質が安定。耐震・耐風・耐火性に優れる。断熱性・気密性も比較的高い。	間取りや外観デザインに制限がある。クレーンで組み立てるので、狭小地は不可。工場生産なので、発注後の変更がしにくい。

Chapter 4

ハウスメーカー11社の「選ばれる理由」

ここでは、消費者目線に立って、大手ハウスメーカー各社が「選ばれる理由」を探っていきましょう。その答えがそのままハウスメーカーの特徴になるはずですが、「それは分かるよね」というものもあれば、なかには、「そんな理由で選ぶのはちょっと……」というものも出てくると思います。そのへんの忌憚（きたん）のない話、ウソのない話が、読者の皆さんがハウスメーカーを選ぶときの指針になればと思います。

鉄骨造　積水ハウス、ダイワハウス、ヘーベルハウス、パナソニックホームズ

積水ハウス――最大手の安心感と自社100％施工の強み

崇　積水ハウスの良いところは、一番は最大手（住宅着工棟数）だということですよね。会社の規模、経営具合が保証とかアフターケアの安心につながる。その意味ではやはり安心感があります。

それと先にも言いましたが、100％自社施工（子会社）だというところ。だから、現場の声を吸い上げる力は一番あると思います。基礎屋さんの声、大工さんの声、ここをこう変えて欲しいというのを全部吸い上げることができるから、トータルな施工力はけっこう高いと思い

積水ハウスHPより外観写真

ます。

博　あそこは、外部の人間である私が、現場の工事監督に「これは無理だよね、やりにくいよね。こういうふうに変えたらい い」って5年ぐらいずっと言い続けていたら、本当に変えましたからね。「市村先生にこう言われましたと言ったら、本部で変えてくれました」と。あれにはびっくりしましたね。

崇　壁の下地材が木からＬＧＳ（ライトゲージ スタッド）というものに変わった時、天井の下地材を組むのに、そのレベルを調節できるのは積水だけでした。普通は、〝なり〟で作っていきますから、たわんでいる梁に天井の下地を付けていくので、下地材も梁と同じようにたわんだ形になってしまう。

要は天井がフラットにならないわけです。

それを調整してフラットにできるような作り方を最初にやったのが積水。たぶんそれも現場から「これじゃあ、真っすぐ作れない」という声が上がってくるからだと思うんですよね。

そういうところはすごいけれど、じゃあ家自体すごい特徴があるかというと、結構微妙かな……。特別何かが優れているかというと、そうでもない気がします。

博 普通ですよ。というか、あえて普通感、保守的な安心感を出している感じもしますね。

崇 外装材は、けっこう気に入っている人が多いみたいですよね。積水で建てた知り合いに、「なんで積水にしたの?」と聞いたら、外装材の見た目が気に入ったって言っていました。

ダイワハウス——高い天井は積水でもできるけど……

崇 ダイワハウスは、天井高が2・7m取れますって、テレビCMでもすごくアピールしていますよね。面白いのは、積水の天井も同じくらい取れるけど、積水はそれを特に謳っていません。

ダイワハウスは鉄骨造のメーカーですが、木造メーカーに近い売り方をしているイメージがあるんですよ。たとえば賃貸住宅の「D-room」もそう。一人暮らしの女性に向けて防犯を売りにしている。ダイワハウスだけちょっと独特な売り方をしているという感じがしますね。

博 CMもそうですね。ダイワハウスは役所広司を起用したおもしろCMでグンと伸びたから。今は竹野内豊でしょう。

ダイワハウスＨＰより

よりフレキシブル、
よりダイナミックに。

圧倒的な設計自由度と比類なき高き安全性を誇るイズ・シリーズがさらなる進化を遂げました。

自由を求めて広がる大空間は、1階の場合、天井高2740mm、最大スパン7000mm。

思いのままの広さを手に入れた住まいで、暮らしの豊かさも多様に広がっていきます。

この未来の日本の家のスタンダードをつくる新構法を「ダイナミックフレーム・システム」と名付けました。

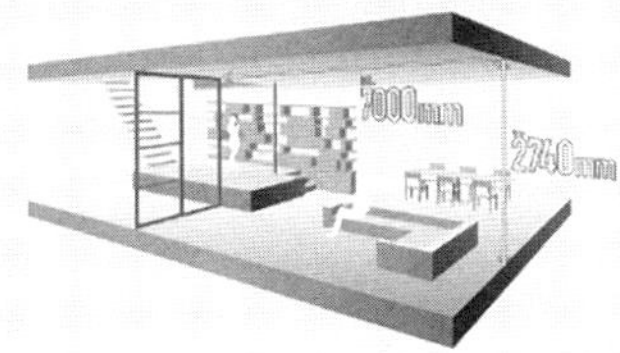

崇　そのへんがうまいと言えばうまいですね。ただ、家づくりの現場を見ている僕らからすると、「なぜダイワハウスを選ぶんだろう?」って思っちゃいますよね。

博　ダイワハウスって特徴がないですからね。鉄骨造の4社（積水ハウス、ダイワハウス、ヘーベルハウス、パナソニックホームズ）を見渡しても、ちょっとこれだけはダイワが一芸に秀でているというものがないですね。4社の中では一番ないんじゃないですか。

崇　たしかにそうですね。

博　強いて言えば、天井高のジーヴォシグマぐらいで、そこを前面に出しているダイワと出していない積水があれば、そのニーズを拾うのはダイワのほうになるよね。

ブレース（筋交い）部分の接合部がΣの形をしているのでシグマという名前が付いているのですが、これが歪んでいた現場があって、フレーム交換をさせたことがありました（写真白丸部分が曲がっている）。

ダイワハウスの現場で、ブレースが斜めに設置されている様子

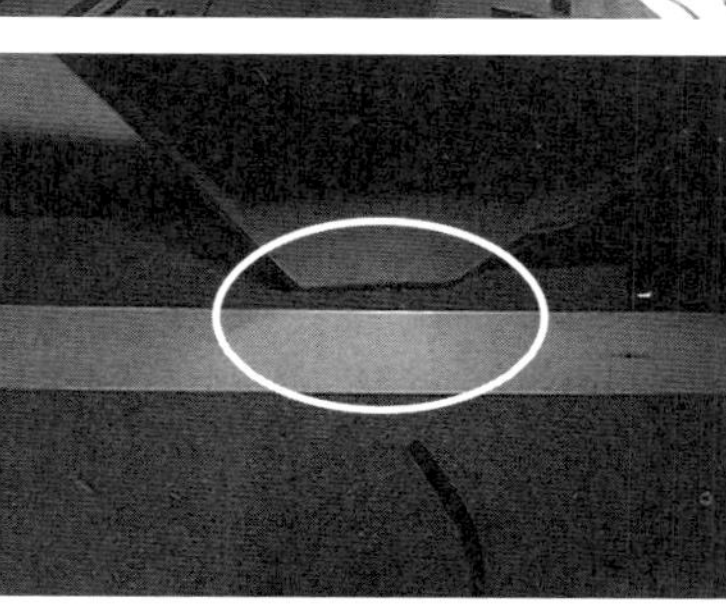

崇　さっきから言っているように、鉄骨メーカーの中では断熱性・気密性は落ちますすからね。

博　そう。あれはそもそもの設計に問題がありますから。

ヘーベルハウス――とにかく「強い家」を求めるヘーベリアン

崇　ヘーベルハウスは、「ヘーベリアン」と言われる人がいるくらいで、ヘーベル版信者が多いんじゃないですか。

鬼怒川水害で流されずに残ったヘーベルハウスの家

博　あと4社の中では一番質実剛健のイメージですよね。

崇　象が乗ってもつぶれない家のCM時代から、とにかく強さのみをアピールしてきて、もうその洗脳は完了していますよね。「ヘーベルハウスの家は強い」と。

博　栃木県鬼怒川の水害があったじゃないですか。1軒だけ流されずに残ったのがヘーベルハウスって、あれはインパクトがありましたね（笑）。

崇　「無骨ですが、いざとなると強いです」みたいな戦略を成功させてきた会社ですよね。ただ、断熱性能は、さっきも言ったように鉄骨メーカーの中では一番優れていますが、設計の自由度はかなり不利ですね。最小モジュール305ミリの倍数でしか家を建てられないので。

博　斜めにするとか角にRをつけるとかもできないよね。

崇　できない。それが最大の弱点じゃないですか。悪く言えば、デザインをないがしろにしてきた。まあ、ヘーベル版で売ってきたからなんですけど。ただし、アフターサービスは一番いいと思いますけね。動きもいいし、点検もすごくよくやっているし。

パナソニックホームズ——高層ができるのは大きな特徴だけど……

崇　パナホームの時代からここが一番強いのは、設計の自由度ではないですか。特に15センチ刻みで間取りが作れるのと、上に9階までいけるということですよね。

博　逆に言うと、設計の自由度が高い分、設計ミスが多いです。手作り感覚なのはいいんですが、各図面の突き合せチェックをきちんとやらないと、図面相互の整合性にミスが出る。そうなると、いろんな図面に影響してきます。そういうミスがここは多いですね。

崇　ダイワハウスも図面の整合性のミスが多いですよね。あと間取り変更に図面が追いつかないとか。

博　パナの売りは、やはり高層ができることでしょう。そこは今のところ独壇場ですから。それに外観のデザインもタイルで見た目、デザインはいいよね。女性に受けそうな感じかな。

崇　たとえば賃貸収益物件とかになると有利ですよね。ただ、さっき鉄骨造というのは組み立てのミスが起きにくいという話がありましたけど、9層の重量鉄骨を精度よく組み上げていけるのかというと、ちょっと疑問ですね。

ゼネコンは高層ができる熟練の鍛冶屋さんを使うわけですが、ハウスメーカーには組み立てエレベルの職人さんしかいないわけですよ。その人たちが高層がやれる腕を持っているのかなと。それに、まだまだ9階建ての実例も少ないですし。

2つの構造で理想の都市生活を実現

多層階住宅<ビューノ>

Vieuno

パナソニックホームズHPより

博　そこは心配ですね。

崇　高くなればなるほど組み立ての精度を出すのが難しいわけですよね。ある階で2ミリ傾きが生じると、その上は４ミリ、そのまた上は6ミリ倒れていく世界ですから。なぜズレるのかというと、さっき話した鉄骨の公差があるからですね。基礎の天端が全部水平で公差がゼロであれば真っすぐ建つはずですが、そうはいかない。

　これが木造なら、本当に腕のいい職人さんがやると、逆に言うと精度ゼロにできるんですよ。ただ、鉄骨造は構造精度をゼロにはまずできない。鉄骨はちょこっとここを削って微調整するなんてことができないから、言葉は悪いけど、〝なり〟で作っていく感じ。だから組み立てで常に70点は取れるけど１００点を取るのは、非常に難しい世界です。

博　公差というのは鉄骨の梁の高さが60センチだとすると、プラスマイナス５ミリまではＪＩＳ公差で許されるんです。そのくらいの差が認められるものを縦に積んでいくわけですよね。だから、厳しい設計事務所だとＪＩＳ公差を認めない場合もあります。

崇　「5ミリはダメ、1ミリにしてくれ」というのは、やらせればできるんですよ。でもハウスメーカーの鍛冶屋はそこまで考えていないでしょう。自分たちは工場から来たものを組み上げるだけという意識で、どれぐらい倒れているかなんてチェックしていないと思いますね。

ツーバイフォー

三井ホーム、三菱地所ホーム、住友不動産

三井ホーム――ツーバイなら要検討。アフター体制も良し

崇　三井は、ツーバイのいわゆるオープン工法でブレないので、○○システムといった商品化、物売りの方向ではなく、「家づくり」の本筋に近いところを行っている会社という印象があります。

博　家を売っているのではなく、つくっていますよと。

崇　ここはツーバイフォーのリーディングカンパニーで、ツーバイフォー協会の歴代会長はずっと三井ホームの社長さんですし、ツーバイで建てたいとなった時に、検討からは外せない会社ですよね。

博　高いというイメージがあるので、コストとの兼ね合いで外すという方が多いみたいですね。でも、コスト的にもいろんなメニューがありますから、競合メーカーの中に入れておいて損は

ないと思いますね。

アフターもきちんとしていますよ。最近、私が10年以上前にインスペクションした方から夜連絡があって、全館空調なんですが、「ポコポコ音がする。お隣に悪いから一度見てほしい」と。原因は全館空調の室外機が古くなって変な音がして、それが排水管を伝わり、換気で音が響いてた。で、行ったら三井のアフターの人間も来ていて、すぐにやってくれましたよね。

三井ホーム、東京馬込のモデルハウス（HPより）

崇　アフターの問題は、さすがに大手は保証期間が10年なんてことはなくてもっと長いのですが、その期間の長さ以上に大事なのは、保証対象になっているものをきちんと保証してくれるかどうかですよね。そこはアフター担当のさじ加減で対応が違ってくる世界ですから。

たとえば新築後間もなく床が鳴り出した。「梅雨時ですから、ちょっとふくらんじゃってるんですね、様子を見ましょう」と。で、冬になってもまだ鳴る。「じゃあちょっと見に行きます」と言って行った時に、奇跡的に鳴らない（笑）。それでまた梅雨時に鳴る、みたいなのを繰り返していると2年ぐらい過ぎちゃって、「内装の保証期間は終わりました」とか、「木造はこんなもんですから」とか、そういう対応をしちゃうメーカーの話も聞きます。

もちろんどの会社のアフター担当にも松竹梅がありますから一概には言えませんが、やはり松の多い会社、少ない会社はありますね。

博 アフターの一番の殺し文句は、「経過観察しましょう」ですから。「日本は四季がありますから、それによって材料がなじむのに1年かかるんです。だから1年間経過観察して、それでも状態がおかしかったら、そこから考えましょう」。これが常套手段ですね。

崇 引き渡しから半年後に何か起こって、そこから1年経過観察するということは、それで1年半ですよね。内装保証期間はだいたい2年ですから、あと半年しかない。

博 あと半年ずらせば、2年過ぎて責任ないからという意識。とにかく2年。

崇 だから、アフター体制も星評価（三井ホームは4）をしていますが、その評価は保証期間の長さとかではなく、私たちが耳にした、実際に家を建てた方々の声だということです。

博 10年保証で10月1日に引き渡しを受けましたと。で、10年後の10月2日に問題が出た。もう保証期間が終わっちゃっていますよねという感覚のメーカーと……。

崇 「ご迷惑をおかけしました」と対応する会社と。

博 そこが別れ道になるわけ。アフターをきちんと見守り、トレーニングしている会社は残念ながら少ない。だいたいが時間稼ぎですから。

三菱地所ホーム──「エアロテック」で選ぶ人が多い？

崇 三菱で建てたいと思う人は、全館空調の「エアロテック」に惹かれるんでしょうか。

博 営業がそこを売りにしていますから、そういう人は多いと思います。ただ、先ほど話に出たように、部屋ごとに温度設定できるというのはあまり意味がないと思いますね。

崇 三井ホームと三菱地所ホームの大きな違いでは、三菱は事業縮小方向にあると。そうなると、アフターサービスに不安が出てきますね。

博 そうですね。アフター体制は会社の規模や安定性・継続性の影響をもろに受けますから、そこに疑問符が付きます。

あと三菱は、引き渡し時期が極端に偏っていて決算期集中型なんですよ。毎月何棟と平準化されてなくて、特に決算期の3月はものすごく多い。そうすると、引き渡しの多い月は職人の数が間に合わなくて応援職人が来るんですよ。

三菱に限らず、大半のメーカーが多少なりともこの問題を抱えていますが、応援職人が来ると、現場はかなり混乱します。ですから、ここで建てる場合は、決算期の引き渡しにならないようにしたいのですが、メーカーのペースで進んでいくとそうなる可能性が高いです。

崇 名前が三菱地所ホームで、そのネームバリューに惹かれる人も多いかもしれません。ただ、もともとは三菱地所の住宅事業部門（1986年に独立）でしたから、関係がないとは言えませんが、実際はあまり関係ないですからね。

住友不動産――「ブランドメーカーにしては安い」に惹かれるのか？

崇 ツーバイフォーメーカーの比較の中でも出ましたが、三井ホーム、三菱地所ホームと比べて値段が一段安いですから、ツーバイが欲しくてぱっと見が良ければいいよっていう人のニーズはあるんじゃないですかね。

博 家そのものも、作り方も、言ってしまえば建売のグレードですね。ただ、住友林業は高いけど、住友不動産は昔から多少安い。買う人はそこがポイントかな。あと、財閥系ですから、そこで信用しちゃうんでしょうね。変なことはしないだろうという。

崇 有名な大手にしては安いな、という感じですかね。パンフレットを見ると、高級分譲マンションみたいな感じですよね、見せ方が。だから見た目はいい。そのへんで好印象を持つユーザーはいるでしょうね。

在来工法

住友林業、積水ハウス

住友林業――「木の匂いがする家」のイメージで選ぶと……

崇　積水ハウスについては鉄骨造のくくりの中で取り上げましたので省略します。すると、在来軸組み工法の住友林業ですが、「ビッグフレームの家が欲しいから住友林業にした」という人は多いですね。ただ、よく見れば集成材の木造の家ですから、工務店レベルでも十分にできる。ビッグフレームでなくてもSE構法とかストローグ工法、金物ピン工法とかありますから。

博　ここはもう大手だという強み。それと、昔から自社で山林を一番所有していて、木造といったら住友林業だよみたいな、そういうイメージが根強いですよね。

昔は軸組だと他に一条工務店、東日本ハウス、野村ホーム、三井ハウスがあったんですが、そのうち三井ハウスと野村ホームが撤退した。それで住友林業が軸組を求める人たちの受け皿になったんですね。

「木の匂いがする家」みたいなキャッチに惹かれる人がいますが、実際に木の匂いがする家を建てようと思うと、それは標準仕様ではないですからね。標準は段ボールみたいなものです。ドアの枠に椅子をぶつけると、段ボールがボロッって出てきますから（写真）。

見た目は木でも、中は圧縮材

崇　強みかどうかは別として、ここはツーバイでも鉄骨メーカーでも工務店でも、どのメーカーとでも競合できるイメージがあって、勝負をする回数が多いと思うんですよね。

積水だったらへーベルとパナとダイワ、三井だったら三菱と住不と競合するといった棲み分けがあるものですけど、住友林業って、けっこうどことでも競合しているイメージがありますよね。裏を返せば、実は際立った特徴がないとも言えますが。

木質パネル工法

ミサワホーム、一条工務店

ミサワホーム——絵がうまい営業マンたち

崇 創業者の三澤千代治さんは、この時代にどう見せたら売れるか、どういう家がカッコいいかとか、そういう商売人としての能力の高かった人なんですかね。

博 いわゆる都市型住宅のデザイン。それはすごくうまかったですよね。

崇 トヨタの傘下に入る前に1階と2階の間に収納スペースをつくるという「蔵のある家」がヒットして今でも売りになっているようです。CMでは南極基地に携わってとかやっているじゃないですか。そうすると、あんなブリザードの中であれだから、構造が強いんだろうなみたいなイメージを持った人が検討するんでしょうかね。

博 現に、そのようなセールストークをしている営業もいるようだね。でも、先にも言ったように、構造体はペラペラで3階建ては風で揺れますからね。ただ、木造で検討している人は、一度は調べたりするんじゃないんですかね。

ミサワはプレゼンテーションがうまいんですよ。目の前でサッサッとパースみたいな絵を描いて、その場でイメージを印象づける。そういう絵のうまいスタッフがけっこう多いから、あれでなびく人はいるでしょうね。でも、値段的には決して安くはないんですよ。

崇 現場を見た感想だと、今の大手のハウスメーカーの人たちはみんなヘルメットを着用していますけど、ミサワはしていないことが多いですね。

ミサワホームは、業界全体が30年保証とか30年点検していこうよという流れになった時、家はつくって終わり、アフターはしませんというようなことを創業者の三澤千代治さんが雑誌で言っちゃった。もともと経営が悪化していたところにそれが広まって、どんどん経営状態が悪くなり、トヨタの傘下に入ったという流れですが……。

博 別にミサワの肩を持つわけではないけれど、それにはちょっと誤解があって、三澤さんはそういう意味で言ったわけではないんです。ここは元々メーカーとディーラーと分かれていた会社で、ミサワホームは部材と商品を供給するだけ、あとはとディーラーが実際の家をつくるんだと言ったわけで、それをマスコミが曲げてとらえた部分もある。ただ、代理店制度を取っていたから、アフター体制も代理店任せになってしまったのは事実ですね。

一条工務店――ツーバイにイメチェンで勝負？

博　一条工務店は元々は静岡県の浜松が本社で、そこから全国展開して、どちらかというと東北のほうでウケたんですね。昔ながらの日本家屋のデザインでありながら、いち早く塩ビのサッシを使ったんですよ。軸組メーカーのなかでは、高断熱・高気密も早く取り入れたりと、とにかくアイデアマンでしたね。

もう一つの特徴は免震。地震災害で耐震がクローズアップされると、免震システムをどんどん発表していって。最近は軸組もやっていますけど、ツーバイにシフトしていっていますよね。

崇　イメージチェンジしていますね。やっぱりツーバイのほうが安いですから。

博　今は土地を仕入れて売って、一条で建ててもらうといういわゆる「建築条件付き」で売っていますよね。千葉のニュータウンなんか、もう一条だらけ。

確かにできあがった家はすごいいいですよ。サッシもペアガラスどころかトリプルも使っていて、外の音が入って来ないとかね。確かにいい。特に30代、40代の人は好むんじゃないですか。

崇　大手ハウスメーカーの中で名前に「工務店」と付いているのはここだけで、家づくりのプロっぽい感じがするんじゃないですかね。大工職人さんがきっちりつくってくれているみたいな。

博 ツーバイは日本語の通じない大工さんがやっていますけどね。

崇 そうか。一条は見た目がよくて、安いということですかね。

博 ただし、先に言ったように、断熱材を仕込んだ「複合パネル」の雨養生の問題はありますけどね。

崇 そこは大きな問題ですよね。

プレハブ・ユニット工法
セキスイハイム

セキスイハイム――家づくりではなく、家を買うイメージ

崇 セキスイハイムの鉄骨ユニット工法というのは、極端に言えば、工場で家をつくって運んできちゃうわけですから、ちょっと特殊ですよね。

もちろん家を組み立てるのは現場でやるわけですが、パネルを運んできて建て方工事で組み立てるのとは違って、外壁から内装までほぼ完成形の箱型ユニットを運んできて、現場ではその箱を吊り上げて、家の形に組み立てていきます。特殊な工法ですから、セキスイハイムで建てたいという人は、もう最初から決めている人も多いですね。

博 競合するのは同じユニット工法のトヨタホームぐらいですよね。鉄骨造で検討している人

でハイムを検討する人はいますが、最終的にはほとんどハイムには行きません。

崇　やはり間取りの自由度が全然ない。だから、他の鉄骨メーカーの話を聞くと、プランはこっちのほうが全然いいよねっていう話になってしまうんですね。

博　ハイムの場合は、家づくりというより、出来上がった家を買う感覚ですよね。だから契約先行型で、契約をしないことには話が進まない。細かいことは後でという感じ。

崇　昔は大手ハウスメーカーの工期が長くて１８０日工期とかもザラにありました。その時代だと、工期が短いというメリットを感じる人も多かったかもしれません。でも、今はハウスメーカーも１００日とか85日とかになってきていますから、そのメリットもあまりなくなってきましたよね。

セキスイハイムの家

博　それに着工までの時間がかかる。工場でつくっている期間が。着工後も基礎で1カ月近くかかるから60日ぐらいはかかるでしょう。契約からの日数で考えたら、すぐ家ができるイメージでは全然ないですね。

崇　間取りの自由度がないと言いましたが、逆に言うと、悩まなくていい。この敷地だったらこれぐらいの大きさで、プランはだいたいこんな感じですと。ここをこうしたいと言っても自由度がないですから、「これでどうですか？」「はい、これで行きましょう」みたいな感じで、あれこれ悩みたくない人には却っていいかもしれませんね。

博 でも、内部の造作はけっこう面倒だし、時間がかかる。外部は早いですけどね。基礎と内部造作に時間がかかるのがハイム。ただ、ハイムで建てる人は、工場でつくる安心感があるからインスペクションの依頼は極端に少ないですね。

崇 確かに工場で全部つくるから品質のバラツキは少ない。だから、ときどき基礎だけ検査して欲しいという人はいますね。

博 まあ、家づくりを楽しみたいという人には無理だと思いますね。上から見ると、ネジ山ばっかりで、個人的な感想だけど模型みたいな感じがします。

崇 家を建てるのではなく、車を買うのと同じ感覚で家を買う。そういう人にはいいんじゃないですかね。

「なんでも屋」のハウスメーカーってどうなの？

崇 たとえばセキスイハイムは鉄骨ユニットで、工場製作で品質を担保できますと。「それが家づくりの答えです」とCMで言っていますよね。展示場でもアピール（次ページ写真）しています（笑）。

でも、要は道路が狭くてユニットが現場に入らない場合は、普通の重量鉄骨で建てましょう

っていうこともやっていますよね。なんならツーバイも……（笑）。

パナソニックホームズも分譲では木造を建てていますし。本来なら、うちはこの家づくりに自信がある、これが一番だと思っているなら、それしか売らないはずじゃないですか。

博　そうじゃないもんね。いろいろ手を出していますから。売れればいいんです（笑）。

崇　積水ハウスの営業マンは、「うちは鉄骨も木造も両方やっていますから、鉄も木もどちらもいいところを知っていますよ」と。でも逆に言うと、じゃあ家をつくるには、木より鉄だとか、いやいや断然木造ですとか、そういう話はないんですかという感じもありますね。

博　積水だって元々は木造はなくて鉄骨だ

けだったんですよね。それから木造へ手を出して。でも、積水のシャーウッドぐらいですよ、成功例は。それ以外は、だいたいダメですもんね。

崇 そういう意味では、三井ホーム、三菱地所ホームあたりは、ずっとツーバイと全館空調で、それが正しい家づくりだときっと思っているわけですよね。

あるいは、外部の設計コンサルタントも入れて、設計料のかかるデザインとか、プランの自由度で注文住宅を売っていこうと。そういう考え方なら信念はあるなっていう気はしますよね。

博 ダイワハウスも一時期は木造をやりましたね。2回ぐらいインスペクションしましたけど最悪で、いずれ撤退するんだろうなと思ったら、あっという間に撤退しました。

崇 一条工務店もツーバイの複合パネルと軸組を、住林林業も軸組のビッグフレームとマルチバランスのほかにツーバイもあります。ミサワホームだって特建事業部があって、木質パネル以外のこともどんどんやりますし。

博 ミサワはセラミックもあった。ミサワセラミック。どうしちゃったんでしょう？　っていう感じだったね。必ず色気を出すんですよ。隣の芝生がきれいに見えるみたいですが、やっぱり色気を出さない会社のほうがしっかりしていますよね。

崇 今回はハウスメーカーばかりを取り上げましたが、ハウスメーカーよりもポリシーがあって、気合いの入った仕事をする工務店はいくつもありますので、現在、これぞと思う優秀な工務店を紹介する本を企画しているところです。

COLUMN

騙されてはいけない話①

土地業者とツルむデザイナーズ系メーカー

博　ハウスメーカーの話から脱線しますけど、ちょっと怖い話をしましょうか。

土地を持ってなくて、これから新たに土地を買おうという人は、まず不動産の情報を集めますよね。そうすると不動産仲介業者、あるいは銀行の不動産部なんかから情報を取るじゃないですか。それで紹介してくれた土地が気に入って買いましょうとなったら、今度は必ず仲介業者は「ハウスメーカーを紹介しますよ」と言うわけです。それに乗っからないほうがいいよということです。これは完全にビジネスモデルでやっているので要注意です。

とくに東京の世田谷、目黒、大田、渋谷といった城南エリアの不動産仲介は、関東で最大勢力の仲介業者なんですよ。ひどい例になると紹介料を10%取っていますから。土地で仲介手数料取って、建物で紹介手数料を取る。だから４０００万円の家を建てようと思っても３５００万円の家になっちゃうわけですよ。

崇　城南エリアはビルダーとかデザイナーズハウスが多いですね。

博　デザイナーズハウスが多い。大手のハウスメーカーみたいな集客はできないから、土地仲介業者と仲良くなって、うちは紹介料10%出しますから紹介してくださいというのが、城南エリアの特徴。土地の値段が高いから。それでもきちんと家を建てているならいいけれど、現場はひどいですよ。

COLUMN

騙されてはいけない話②

土地を高く、建物を安くセット売りする○○ハウス

崇　土地だけはメチャメチャ高くて、建物は15年もすればほとんどタダというのが日本の不動産のおかしなところですが、それを利用してローコスト住宅を売っている○○ハウスという会社があります。CMもかなりやっていますが、すごい勢いでバンバン土地を売っていますよね。

あそこはまず、土地をけっこうな値段で売る。元々が不動産会社だから。すると、お客さんは建物を建てるお金が残らなくて、ハウスメーカーでは建てられないから、結局○○ハウスで建てるしかないっていうビジネスモデルにハマっちゃっている人をよく見かけますよね。

博　土地を高値買いしますからね。普通は土地を安く仕入れて商売をするわけですが、あそこは高値で買ってそのまま高値で売って、上物を建てるお金がなくなったお客さんに、うちで建てましょうよという話にもっていく。賢いというよりあくどいですよね。だから大手のハウスメーカーでは建てられないところまで土地値を持っていって建物の予算を食いつぶす感じ。

崇　そうなると、お客さんというよりカモ扱いですよね。

博　カモだね。現場はメチャクチャだし。

Chapter 5

それってホント？ 競合メーカーへの営業ネガティブトーク集

クライアントから聞いた、「ホントかよ!?」という競合つぶしのネガティブトーク集です。
ネガティブトークは通常不利な立場の人間が、有利な立場の人間を引き下ろすために使います。
つまりは、自社のアピールに自信がないゆえに発生するのがネガティブトーク。
もっとも、自社の優れた点を論理的にきちんと説明せず、他社を悪く言うばかりの営業マンに、優秀な方はいないと思いますが（笑）。

積水ハウス営業マン VS ヘーベルハウス

「ヘーベルハウスのヘーベル版は気温が下がったら、中にある水分が凍結してヘーベル版が爆裂します！」

これってホント？

信ぴょう性

ALC板（オートクレーブライトウェイトコンクリート）は、確かに板中に気泡が存在していますから、その気泡に雨水が入り込んだまま冬季に凍結をすれば、水が膨張して爆裂してしまうことでしょう。

しかしながら、新築工事中に浸入した雨水は工事中に乾燥させ、断熱工事以降はスペーサーによる通気経路により板中の水分は乾燥していきます。ですから、実際に爆裂する事象はありません。

「ヘーベルハウスが東北地方など寒い地域で販売をしていないのは、この爆裂の恐れがあるからだ」

他社営業マンは、もっともらしい説明をしますが、もともとヘーベルハウスは狭小３階建てや屋上利用といった都市型住宅を販売する会社ゆえに、東北地方ではニーズが少ない。ヘーベルハウスが東北地方での販売数が少ないのはこういう企業判断のためで、ヘーベル版の特徴によるものではないと推察されます。

現にヘーベル版の販売元である旭化成建材は、ヘーベル版自体は北海道でも販売していますから……。

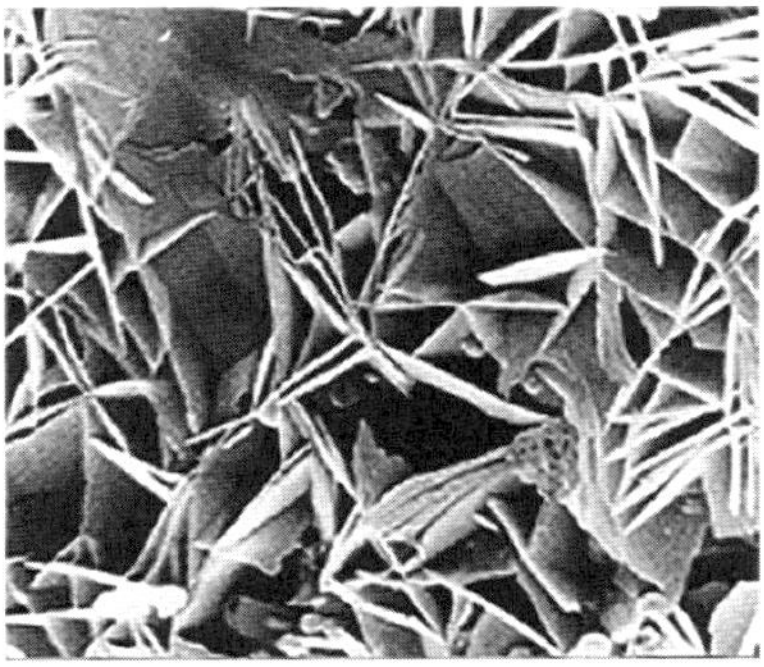

ヘーベル版の拡大写真

三菱地所ホーム営業マン VS 三井ホーム

「三井ホームの全館空調は、温度調整が個別でできないので使い勝手が悪いですよ！」

これってホント？

信ぴょう性 ★☆☆☆☆

「そもそも全館空調とは何ぞや!?」ということを忘れてはいないでしょうか……。

個別エアコンは部屋ごとに室内機が１台あり、部屋ごとに温度調整は可能ですが、全館空調はいわば家全体を１台の室内機と室外機で空調をしていますから、室内の汚れた空気はフィルターを介して１カ所に集め、アウトテイクしています。

つまり家全体の空気は循環しているということで

すね。よって部屋ごとに温度調節をすること自体困難ですし、あまり意味がないということです。三菱地所の話は、厳密に言えば温度調整ではなく「風量調整」と呼ぶのが正しいのです。

全館空調は図のように、家をひとつの部屋として空調していることがわかる

1　温度バリアフリー

夏も冬も温度差ができないため、家の中のどこにいても快適な居心地を御提供します。お部屋はもちろん、廊下や脱衣室も快適。温度差が体に悪影響を与える「ヒートショック現象」も、抑止します。

医学博士　高橋 龍太郎先生が語るヒートショック予防

全館空調システムの場合

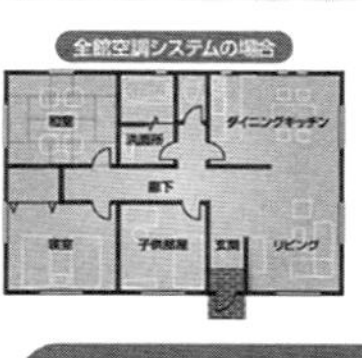

ルームエアコンの場合

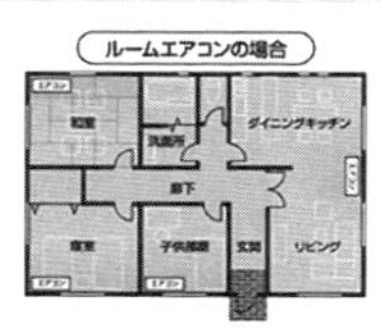

1台の冷暖房ユニットで家全体を冷暖房します。

鉄骨系ハウスメーカー営業マン VS 住友林業

「木造はシロアリが怖いですよ！　数年に一度、家全体に薬をまいて防虫しなくてはいけませんから、費用がかかるのはもちろんのこと、人体にも影響が出ます！」

これってホント？

信ぴょう性　★★☆☆☆

木造住宅はシロアリに対して注意をはらわなくてはいけない。それ自体は間違っていません。しかしながら、「家全体に薬を撒いて」というのはいかにも大げさな言い方で、実際には基礎内部や基礎周りの土壌を防虫処理すれば事足ります。

ひどい営業マンになると、「家全体をシートにく

るんで防虫剤を撒くんですよ！」なんて突拍子もないことを言ったりもするようですが、そんなことはありません。

ただし、適切な時期に防虫剤を撒かなくてはいけないことは事実ですから、費用が掛かることには理解が必要です。

なお、人体への影響ですが、撒くのはあくまでも「防虫剤」という薬剤ですから、その薬の成分は使用制限されていないものかどうかの確認は必須ですし、使い方にも注意が必要です。

パナソニックホームズ営業マン VS 積水ハウス

「うちは無足場施工（足場を立てないで新築工事をする）ですから、敷地目いっぱいに家が計画できますよ！」

これってホント？

信ぴょう性 ★★☆☆☆

パナソニックホームズは確かに無足場施工を謳っています。ただし、新築工事時は無足場で施工できたとしても、建物は部位ごとに経年変化していく。このことを考えなくてはなりません。

つまり、外壁に施されたシール材は劣化し、打ち替えをしないと漏水の危険性が高まります。屋根についても経年劣化が起こり、適当な時期に修繕をする必要があります。

そのような外壁・屋根の修繕には当然、足場が必要になります。その際に自分の敷地内に足場を組むスペースがないと、隣地にお願いをして足場設置のスペースを借りる必要が生じるのです。

以前、実際に起きた事例で、無足場で施工した建物が15年目にシール打ち替えの必要が出たのですが、隣地の方が土地を売却して所有者が変わり、足場設置をお願いしたが断られたという事例がありました。

家は建てて終わりではありません。長期にわたるアフターメンテナンスが重要かつ不可欠です。そのときになって困らないよう、ゆくゆくのことを考え、リスクを把握した上で、新築建物の計画を進めることが望ましいでしょう。

住友林業営業マン VS 三井ホーム

「弊社のビックフレームは大開口がとれるが三井の壁工法では大開口が取れません!」

これってホント?

信ぴょう性 ★☆☆☆☆

住友林業のビッグフレームは「最大開口5460ミリ」が特徴ですが、三井ホームにはGフレームというラーメン構造があり、こちらは最大7300ミリの開口ができます。したがって、「壁工法では大開口が取れないという」トークは明らかに間違っています。

以前のツーバイフォーは規制があり、「壁で支えるため大きな開口が難しい、リフォームが困難」という説明はある程度当たっていましたが、現在は違います。構造計算を実施して強度さえ確保できれば設計の自由度は高く確保できるように変わりましたから、ツーバイフォーでも、軸組工法（ビックフレームなど）よりも大開口を設けるプランが可能となっています。

写真はツーバイの建築事例。かなりのワイドスパンが可能だとわかる

写真のように枠組ツーバイでも、集成材の利用などでスパン計画の自由度は大幅に増しています。

積水ハウス営業マン VS 三井ホーム

「ツーバイは壁で支えているので、断熱材があまり入らない。入れられても通気層がなくなって湿気が籠るため、断熱材にカビが生えてしまう！」

これってホント？

信ぴょう性 ☆☆☆☆☆

このトークはひどすぎて話になりません。論外です（笑）。ですが、実際に私たちが聞いた話ですから、このようなことを言った人がいるのは事実です。

他社の悪口にも根拠がある話ならコメントできま

すが、このトークはでたらめ以外の何物でもないですね。このような営業マンは即刻「さよなら」しましょう。

ツーバイは写真のように筋交いがないので、むしろ充填系の断熱材を施工するのは入れやすいのが特徴ですね。

スタッドと呼ばれる柱・柱の間は
断熱材がまっすぐに入れやすい

ミサワホーム営業マン VS ツーバイメーカー

「よく〝火が走る〟と表現されますが、空気があると壁は火の通り道となってしまいます。その点、ミサワはファイヤーストップ材を入れているのでツーバイよりも断然燃えにくいんです！」

信ぴょう性 ☆☆☆☆☆

残念ながら全く根拠に乏しい競合トークですね。

耐火の仕様は、「防火」「準防火」といった地域ごとに燃えにくい仕様にするよう規制されていますが、木造ではファイヤーストップ材の施工は必須で、工法により免除されるということはほとんどありません。

ですから、在来だろうがツーバイだろうが、あるいはパネル工法であろうが、耐火や準耐火の規定はどれも一緒。つまり、これは全くのデタラメトークということになりますね。

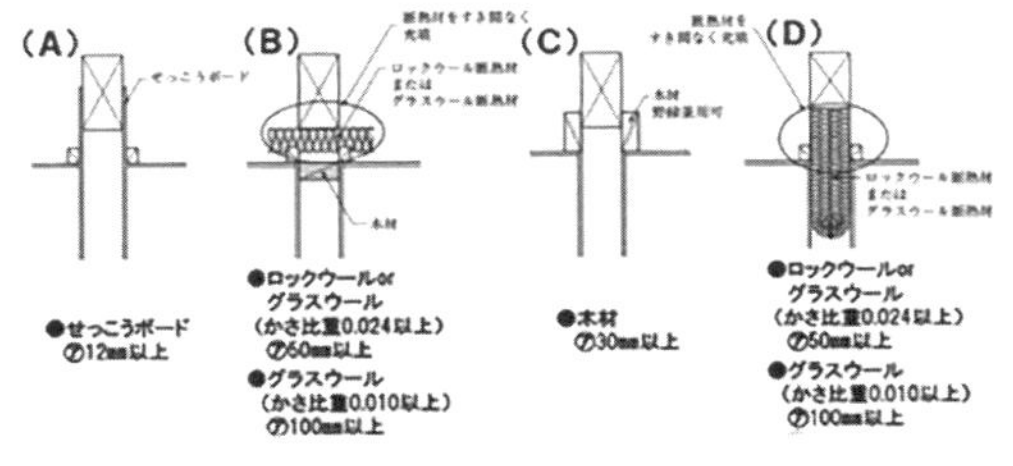

(A)
●せっこうボード
⑦12mm以上

(B)
●ロックウールor
グラスウール
（かさ比重0.024以上）
⑦50mm以上
●グラスウール
（かさ比重0.010以上）
⑦100mm以上

(C)
●木材
⑦30mm以上

(D)
●ロックウールor
グラスウール
（かさ比重0.024以上）
⑦50mm以上
●グラスウール
（かさ比重0.010以上）
⑦100mm以上

火災の際、構造材に火がまわりにくいように、図のようなファイヤーストップ措置をとらなければいけない

余談ですが、ローコストや建売分譲といった木造住宅では、この「準耐火」基準の厳しい仕様をクリアしていない施工が目立ちます。購入の際には注意をした方がいいのは言うまでもありません。

ファイヤーストップ材の施工は1つでなく、いろいろな方法がありますが、どのような方法でも、きちんと施工することが重要です。

積水ハウス営業マン VS ヘーベルハウス

「ヘーベルハウスは、使用する必要がないのに、旭化成建材が儲かるから至る所にヘーベル版を採用しているんです！」

これってホント？

信ぴょう性 ☆☆☆☆☆

この競合トークの趣旨はよく分かりませんが、積水やパナソニックホームズ、ダイワハウスなども床はＡＬＣ板を選択できます（ヘーベルはＡＬＣの商品名です）。

ＡＬＣ板はコンクリート中に気泡が存在し（積水ハウスのダインコンクリートも広義的には似たような建材です）、軽量化されたコンクリートとして、遮音性や耐火性に優れた建材です。

何となく、そうかな……と思ってくれたらラッキー！程度のネガティブトークですよね。

ちなみに、自社の部材を研究開発し、自社の商品に採用していくのは、企業としては当然かと思いますが……（笑）。

住友林業営業マン VS 積水ハウス（シャーウッド）

「ビックフレームは梁勝ち工法です。積水の鉄骨は同じ考え方ですが、シャーウッドは通し柱なので、平面計画の自由度が全く違います。本当は木造も梁勝ち工法にしたいのでしょうけど……特許は弊社がとっています！」

梁勝ちラーメン工法とは、通し柱を使わずに梁を水平方向に通し、柱をある程度自由な位置に計画できる型式認定工法です。

なぜそのような工法を採用しているかというと、間取り計画の自由度を向上させたいということですね。具体的には、柱をあと数センチずらしたい！というニーズにこたえることが可能ということです。

ただし、構造力学上は、上階と下階の柱がずれているということは、地震などの際には、厳密に言えばそこに「モーメント力（曲げる力）」がかかってきます。

つまり、自由度が増すと言えば増すのは事実でしょうが、それによる安全面のマイナスも生じるということ。このような自由度を拡大解釈したような平面計画は推奨できません。

梁勝ラーメン構造

ダイワハウス営業マン VS 積水ハウス

「耐火建築物であれば、弊社のコストパフォーマンスがもっとすぐれていますよ！」

これってホント？

信ぴょう性 ★☆☆☆☆

ダイワハウスの耐火建築物は、構造を軽量鉄骨＋外壁をサイディング（パネルの貼り合わせ）の組み合わせで計画し提案するケースが多いため、確かに見た目上の金額は積水ハウスに比較して安価なイメージを持つでしょう。

しかしながら、積水ハウス（ほかの鉄骨メーカーも）は、３階建ての場合、重量鉄骨で建物を計画しますから、そもそも構造種別が違い、比較検討にはなりません。

表面上の金額だけで高い安いの比較をせず、基本性能を見比べるということを忘れてはいけませんね。

装丁 ◉ 山内宏一郎（SAIWAI DESIGN）
本文デザイン・図版作成・ＤＴＰ ◉ 桜井勝志
編集 ◉ 飯田健之
編集協力 ◉ 松山久

建てる前に読む!
絶対にしくじらないハウスメーカー選び
大手11社徹底解剖!

2018年9月14日　第1版第1刷
2019年7月15日　第1版第2刷

著　者　市村博　市村崇
発行者　後藤高志
発行所　株式会社 廣済堂出版
〒101-0052　東京都千代田区神田小川町2-3-13
M&Cビル7F
電話　03-6703-0964（編集）
03-6703-0962（販売）
FAX　03-6703-0963（販売）
振替　00180-0-164137
URL　http://www.kosaido-pub.co.jp

印刷所
製本所　株式会社 廣済堂

ISBN 978-4-331-52183-0　C0052

ハウスメーカー別リアル情報!

「実際に建てた人」へのアンケート & 「実際にインスペクションした家」の実例

ハウスメーカーで「実際に建てた人」へのアンケート

大手ハウスメーカーで家を建て、私たちがインスペクションさせて頂いた方々に、アンケートのご協力を頂いています。その貴重な声の一部をここに紹介します。

なお、個人情報保護の観点から、本アンケートの「お名前」と「地域」の部分は除きました。

また、金額などの表記方法が不統一ですが、ほぼアンケート原文の表記のまま掲載しました。

■アンケート1　ダイワハウスで建てた男性

DATA

ハウスメーカー名	ダイワハウス
竣工時期	2018年春
住宅の仕様	鉄骨（軽量鉄骨）
階数	2階
敷地面積	199㎡
延べ床面積	133㎡
見積金額	3600万円
最終的な金額	4300万円

①家づくりの動機

◆年齢的にもそろそろ家をと考えていました。実家の土地が宅地造成工事区域になり山林から宅地になるタイミングで家を建てる事になりました。

②検討したメーカーは何社でしょうか。差し支えなければ検討メーカー名もご記入ください

◆3社　へーベルハウス・せらら工房・パナホーム

③メーカー決定の決めてはなんでしょうか（○印をお願いします。複数回答可）

設計提案力・耐震性・断熱性・気密性・○価格・○担当営業の応対・ブランド力
その他　◆天井高と、柱なしで広いスペースを確保できる所が決め手となりました。

④メーカーとの契約後、着工までに発生した問題点はありますか？

◆ローンを組む直前に、土地が仮換地であることで組めるローンの種類が限られている事を知り、当初予定していた金融機関では利用できなくなりました。

⑤着工後、お引渡しまでに発生した問題点はありますか？

◆特になし。

⑥ご入居後の満足度、または問題点（ハウスメーカーのアフター対応など）

◆満足しております。

⑦家づくりの先輩として、これから家づくりを始める方への貴重なご意見をお願いします

◆ハウスメーカー決定後、当初、家の中の事を決める際、いわゆる標準かアップグレードのものをダイワハウスのカタログの中からしか選べないと思っていました。しかし、同じメーカーで建てた方の家を見ていくうちに、そうではない事を知りました。

窓の形などはある程度決まってしまいますが、それ以外は自分が気に入ったものを指定すればほとんどの建材やメーカーが使えました。なので、自分で色々なショールームに足を運び、納得したものを選びました。

床、照明、キッチン、お風呂からタオルかけ、ペーパーホルダーやドアノブまで、気になったものは何度も行きました。市村さんにお会いした時に、「家を建てるのに内容を決める期間は数カ月だけど、その後は何年も住むことになるのだから、妥協せずにね」と言われたのがいつも頭の片隅に残っていました。

その通りだと思います。もちろん予算もあるので全て理想通りとはいきませんが、妥協ではなく、自分がこれが良いと納得して決めたので、それは今振り返っても後悔がなく本当に良かったと思います。幸いな事に、担当していただいた設計士・営業・コーディネーターの方も一緒に考えて下さり、一度決めたものからの変更も沢山ありましたが、嫌な顔せず対応していただきました。担当の方にも恵まれていたと思います。

建築中には、市村さんに検査に入っていただきました。検査が入る事で、優良なスタッフを選んでいただけたのかと思う程、優秀な工事監督・職人の方でした。基礎工事は、ダイワハウスの今まで見てきた基礎で一番しっかりしていると、市村さんからお墨付きをいただきました。

市村さんに入っていただく事で、施工中大きな問題も起きず、私たちも安心することができました。素人の私たちがチェックする場合、まずどこを見たら良いか分かりません。その点、プロ

のチェックは、的確で、私たちの絶対気が付かないところの是正箇所を見つけてくれます。私たちが気になっていた箇所も、指摘・是正されており、大きな問題がなかったとはいえ、そういう是正箇所も見落とさずに見ていただいて今も安心・快適に住めていることは、利用して本当に良かったと思っています。

■アンケート2 パナソニックホームズで建てた男性

DATA

ハウスメーカー名	パナソニックホームズ
竣工時期	2015年秋
住宅の仕様	重量鉄骨
階数	3階
敷地面積	105㎡
延べ床面積	127㎡
見積金額	4800万円
最終的な金額	4552万円

①家づくりの動機

◆両親が亡くなり古家を解体し、弟と土地を折半して、娘の進学・通学もあり防火地域内の都内実家跡に一戸建てを新築したかった。

②検討したメーカーは何社でしょうか。差し支えなければ検討メーカー名もご記入ください

◆8社：旭化成へーベルハウス・セキスイハイム・三井ホームまで見積済

（積水ハウス・大成建設ハウジング・レスコハウス・東急ホームズまで検討）

③メーカー決定の決めてはなんでしょうか（○印をお願いします。複数回答可）

設計提案力・耐震性・断熱性・気密性・価格・担当営業の応対・ブランド力

その他　◆都内の狭小地での○建設提案力・○耐震性・○価格

④メーカーとの契約後、着工までに発生した問題点はありますか？

◆①請負契約を他社以上の値引きをタテにせかされ、見積書の個別単価等の詳細を求めてもボカされ結局明らかにしない。

②追加変更契約時に個別見積りを出させ【請負契約の見積書には施主が要望していなかったものも含まれていたため】交渉・調整して金額を引き下げました。

③エアコンは系列電気メーカーの最新廉価モデルを請負見積りに取込み、やや型古の上位機種への変更や気に入った他メーカーの照明器具の導入には難色・割高を示し応じない為、一部施主工事の対応とした。

④上記割高感や不信感に加え、打ち合わせで金額を引き下げた事により、施工等に手抜きがなされないかの不安を感じて、市村インスペクターに相談させていただきました。

⑤請負契約前からインスペクターの話はしていたのですが、いざインスペクター介在を営業担当に告げると、露骨に嫌な態度と施主への不信感を示したため、営業所長に担当変更をしてもらい

ました。

⑥営業所長に変更したため、施工時の現場監督等の選定面においても安心していたのですが、前述の営業担当と高齢の設計担当が、車や家財を事前に採寸・視察して契約時に大丈夫ですよと言っていたのに1階のクローゼット奥行不足が判明したため、確認申請直前で設計・構造計算をやり直す事になりました。

⑦また、古家解体時にハウスメーカー下請け解体業者からアスベスト含有疑惑【結局、専門業者調査により問題なし】にて作業中断もあり、予定より3カ月以上遅れ、6月下旬の梅雨時の着工となりました。

⑤着工後、お引渡しまでに発生した問題点はありますか？

◆①6月下旬の地鎮祭後も、以前から疑念を抱いていた駐車場の奥行不足が判明した。【メーカー側提案の逆L擁壁のRC工事にて駐車スペースを確保するも、外構用ゲート（ジャバラ門扉）設置ができず、防犯カメラ設置をメーカーで対応してもらう事とした】。

なお変更時点で設計担当から、当初擁壁は建物から独立した施工にて、一切建物の構造・強度に影響が出ない事を確認・押念していたにも関わらず、竣工直前9月始めになって、実際の高さ変更はないが、約50㎝幅にて1・2m高で道路面まで削るため、その地上にある北側の庇や腰壁バルコニー分を考慮すると、基礎GLが僅かながら増加し9m超となった為ルート1システムではなく、ルート3システムによる構造計算が必要となり再計算・確認申請を出し直す事にもなりました。

②市村インスペクターの検査の中、基礎工事から問題の指摘・手直しで施工は、ほぼ順調に進みましたが、現場監督はメッセンジャー的な役割しか果たさず、結局9月末のメーカー決算時の引渡しが最優先され、系列の外構工事は翌月廻しとなり、引き渡されました。

⑥ご入居後の満足度、または問題点（ハウスメーカーのアフター対応など）

◆①当初の工期「3月19日着工、7月26日完成」が、「6月26日着工、9月30日完成」と1か月以上短縮された状況下で、最後の仕上げ・内装の突貫工事に加え、職人の技量不足もあり、クローゼットの棚上の僅かな歪みや和紙壁紙の綻び等が随所に散見され、細かな手直しが引渡し後、1カ月以上続きました。

②今のところは、【十分に傾斜をとったはずの1階の節水式トイレ（アラウーノ）や風呂の排水処理があまり良くない点を除き】特に大きな問題は生じておりませんが、これも市村インスペクターのおかげと感謝しています。

③ハウスメーカーの安心有料メンテナンス保険に加入しましたが、特に追加説明を受ける事はなく、引渡し2年以内で3回の定期点検は実施されましたが、すべて事務的で3回目からはアフター担当ではなく、委託業者が点検にきました。

また、地震後に備付家具扉の開放が出来ず緊急に連絡した際、アフターに連絡するも、多忙にてカスタマーセンターに直接連絡をとり、別担当の派遣手配してほしいと。定期点検期間の2年を経過した今後に不安を残しております。

⑦家づくりの先輩として、これから家づくりを始める方への貴重なご意見をお願いします

◆今思い出しても、家づくりは、こちらの知識・勉強不足もあり、ハウスメーカー主体で段取られてしまい、先述の事もあり、施主としてはストレスがたまる日々が続いていたと感じています。

施主としては、時間的には竣工迄には2年以上あり、かなり余裕がある計画と思っていましたが、ハウスメーカーに相談にいくと、途中さまざまな問題が生じても、全てメーカー側のスケジュールに取込まれてしまい、反省させられる事が多々ありました。

こうした失敗や反省点を踏まえ、これから家づくりを考えられている方々に微力ながら参考にしていただければ幸いです。

最後になりますが、市村先生も健康で今後ともますますのご活躍を祈念しております。これからも、よろしくお願い申し上げます。

■アンケート3 旭化成へーベルハウスで建てた男性

DATA

ハウスメーカー名 ◆ 旭化成へーベルハウス

竣工時期 ◆ 2017年夏

住宅の仕様 ◆ 鉄骨(軽量鉄骨)

階数 ◆ 2階

敷地面積 ◆ 208㎡

延べ床面積 ◆ 156㎡

見積金額 ◆ 4400万円(契約額　税込)

最終的な金額 ◆4600万円(税込　太陽光発電を採用の分増額しました)

①家づくりの動機

◆家族が増えたこと。両親も高齢になり、実家の土地に2世帯を……ということが契機です。

②検討したメーカーは何社でしょうか。差し支えなければ検討メーカー名もご記入ください

◆3社。住友林業、旭化成へーベルハウス、積水ハウス

③メーカー決定の決めてはなんでしょうか(○印をお願いします。複数回答可)

設計提案力・○耐震性・○断熱性・気密性・価格・○担当営業の応対・○ブランド力

その他 ◆家という商品を売っているのがハウスメーカーだとわかりました。はじめは注文住宅を建てたい、理想の家を考えたいと思っていましたが、ハウスメーカーでは難しいということが途中から理解できました。

その中では、へーベルハウスが営業対応が良く一緒に考えてくれる姿勢が強かったことが一番の決め手かと思います。日照シュミレーションなど何度も出してもらい、手間がかかったと思いますがよくやってくれました。

④メーカーとの契約後、着工までに発生した問題点はありますか？

◆契約後、追加変更契約までの時間があまりなく、打合せ頻度が多く時間の確保が正直大変でした（家を建てるのに労力がかかるのは覚悟していましたが…笑）。

週末、しかも一日の大半が家の打合せに費やすことになったので、その時は家族がギスギスしてましたね……笑。

へーベル側でなにか問題があったということはないです。

⑤着工後、お引渡しまでに発生した問題点はありますか？

◆特にありません。おかげさまで快適に暮らしています。

⑥ご入居後の満足度、または問題点（ハウスメーカーのアフター対応など）

◆大変な思いをした分もありますが、今のところは大変満足しています。入居後の点検もきちんと連絡があり、問題なかったようですので安心はしています。

⑦家づくりの先輩として、これから家づくりを始める方への貴重なご意見をお願いします

◆我々素人が、ハウスメーカーの営業と折衝・交渉するのはやはり難しいと実感しました。専門用語が多く、こちらから聞かないと教えてくれないこともあり、途中から先生にお世話になって助かりました。第三者のインスペクターは採用すべきだと思います。

いい家を建てる最大の秘訣は、お任せにせず自身で労力をかけ疑問を解消していくことしかないと思います。世の中には情報があふれていますが、正しい情報も嘘の情報もありますから、真贋を見極めないと痛い目を見ると思います。

■アンケート4 積水ハウス（シャーウッド）で建てた男性

①家づくりの動機

◆結婚を機に建てようと考えました。

②検討したメーカーは何社でしょうか。差し支えなければ検討メーカー名もご記入ください

◆約15社です。最終候補に残ったのは積水ハウス、一条工務店、もりぞう、エアムーブ住宅です。

DATA

ハウスメーカー名 ◆ 積水ハウス（シャーウッド）
竣工時期 ◆ 2017年夏
住宅の仕様 ◆ 木造（軸組）
階数 ◆ 2階
敷地面積 ◆ 301㎡
延べ床面積 ◆ 178㎡
見積金額 ◆ 4835万円（税抜　外構費680万円含む）
最終的な金額 ◆ 4636万円（税抜　外構除く）

③メーカー決定の決めてはなんでしょうか（○印をお願いします。複数回答可）

設計提案力・○耐震性・○断熱性・○気密性・価格・○担当営業の応対・ブランド力

その他　◆積水ハウスを通して土地を購入した。また、デザイン等総合力で決めました。

④メーカーとの契約後、着工までに発生した問題点はありますか？

◆設計打ち合わせで決めた内容が、毎回正しく反映されなかった。

同席している設計士はエース級とのことだが、多忙のため設計図の修正は部下にさせていたようです。私達のところには、部下が修正した図面に間違いがないか確認がなされないまま、きていました。

また、積水ホームテクノのお風呂図面がなかなか出てこず、間違いだらけでした。本来は積水ハウス側がすべき確認を、私達がすることになり、時間と神経を使いました。これらの要因により、着工時期が数週間遅れました。

⑤着工後、お引渡しまでに発生した問題点はありますか？

◆設計打ち合わせと違う箇所が数か所ありました。特に問題となったのが、掘りごたつが小さかったことです。再工事となり、引き渡しが約2週間遅れました。

⑥ご入居後の満足度、または問題点（ハウスメーカーのアフター対応など）

◆家の性能としては、とても満足しています。カスタマーセンターの対応も良いです。ただ、担当営業の対応はかなり遅く感じました。

⑦家づくりの先輩として、これから家づくりを始める方への貴重なご意見をお願いします

◆家に使用する部材は、出来る限り目で見て確認した方が良いです。カタログで良いと思っていても、実物はイメージしていたものと違うことがあります。また、設計打ち合わせの記録は、しっかり取ることをお勧めします。

■アンケート5

住友林業で建てた女性

DATA

ハウスメーカー名	住友林業
竣工時期	2017年夏
住宅の仕様	木造(ビッグフレーム+クロスパネル)工法
階数	2階
敷地面積	442㎡
延べ床面積	240㎡
見積金額	約6700万円(税込)
最終的な金額	約6900円(税込　外構は含まず)

①家づくりの動機

◆娘の大学進学+家の老朽化+住宅資金贈与の税額控除適用期間

②検討したメーカーは何社でしょうか。差し支えなければ検討メーカー名もご記入ください

◆住友林業、SXL、三井ホーム、積水ハウス・シャーウッド、出雲建設（地元工務店）

③メーカー決定の決めてはなんでしょうか（○印をお願いします。複数回答可）

設計提案力・耐震性・断熱性・気密性・価格・担当営業の応対・ブランド力

その他　◆木造、べた基礎（布基礎不可）、結露対策、現場管理、和風デザイン

④メーカーとの契約後、着工までに発生した問題点はありますか？

◆①着工3カ月前から工程表と現場担当者名を求めたが着工直前まで決まらず。

②役所の不合理な建築許可条件（雨水浸透トレンチ管渠設置など）をハウスメーカーが我々に相談なく受諾したため、我々が反論のため役所に出向く羽目になりました。我々に影響はなかったが、建築計画看板の設置期限を忘れ、設計完了が延期となりました。

⑤着工後、お引渡しまでに発生した問題点はありますか？

◆①測量ミス……新築基礎が、我々が仮住まいしている母屋の下水マスに当ると我々が気付き、クレームを言ったところ、我々でマスを移設しろと言われ、移設費用を支払わされた。↓原因：設計者が現場に来てしっかり見ていない。

②測量ミス……新築壁面を道路境界塀から2・6m離すよう依頼していたが、実際の離隔が約1・6mになっていたため、縄張りのやり直しとなった。↓原因：道路と敷地・境界塀との間に緑地帯がある。縄張りの際、測量会社が2社入ったため用地境界線を緑地帯の内外のどちらに置くかについて2社間の意思疎通が図られなかったため、緑地帯の幅だけ建物が道路側に寄ってしまった。

③設計者にウソをつかれ、余計な装飾品を付けられそうになった……設計者から「深軒のため1階軒先のたわみ防止のため、寄棟角にコンクリート壁または柱のような構造体で軒先を受ける必

要がある」と言われた。詳細を詰めていくと、柱の材質がアルミと分かり、圧縮材にアルミパイプはあり得ないとして、構造材でないことが分かり、柱は中止となった。

④図面(屋外階段の高さ)の引継ぎミス……現場を回った時、玄関ポーチの階段型枠工をやっており、このままでは階段が地面に埋まることが分かり、施工延期を依頼した。↓原因:立面図に「見付」と記入したハッチング部があり、その下面にエネファーム基礎が描いてあった。

現場監督はハッチング部を掘削し、その底にエネファーム基礎を置くものと思っていたが、設計者は建物基礎をハッチング部だけ深く施工するように描いたつもりとのことだった。結果、階段の段数・蹴上高を変更することになった。

⑤外構手摺りコア抜きの後施工……玄関外の土間が地盤より50㎝程高く、落下防止用手摺りを設置するか、柱基礎の箱抜きをお願いしたが、設計者から「後で簡単にコア抜きが出来る」と拒否された。しかし、施工の段になって、コア抜き費用が箱抜きより数倍高く、鉄筋を避けての施工も難しいと言われた。↓原因:設計者の現場知識不足。

⑥基礎打継目のレイタンス除去処理を我々でやった……コンクリート打設前にレイタンス処理を十分するよう現場管理者に言っていたが、当日、ハウスメーカーの人間はおらず、処理をする様子も無かったので、我々が行い、掃除機4杯分のゴミが出た。しかし、型枠幅が狭く処理が不十分だったためか、後日、内壁の一部で打継目から漏水した。

⑦1階床パネルのカビ……中止を依頼したものの、雨中に1階床パネルを仮敷きされ、本敷き直前でも、床下に50ℓ程度の雨水が溜り、パネルにカビが発生していた。雨水は我々が汲み出した。

↓原因：クレーン（1日貸し）、人工、等の段取りが数カ月先まで既に決まっていて、雨天で中止すると工事が数週間遅れるらしい。雨天でも中止が出来ない？　のはおかしい。

⑧図面の変更忘れ……コンセントの位置変更、窓の縦格子設置範囲の変更を依頼したが、図面が修正されない。↓原因：設計者は自ら図面を描かず製図者に指示するだけでチェックもしない。

⑨設計ミス（小屋裏部屋へのアクセス困難）……小屋裏部屋へ上がる階段の最上段が2階屋根と干渉し、図面上、高さクリアランスが80㎝程度しかなく、そこに手摺りが付いていることを我々が発見。↓原因：設計段階での検討不足。

⑩打設中の玄関ポーチの型枠バレ……生コン工場名、標準配合表、アルカリ骨材試験、強度試験、等は、要求しないと提出して来ない。玄関の屋外ポーチのコンクリート打設中に型枠がバレ始めた。出来上がりは膨らんだ曲線になったが、モルタル仕上時に直線に仕上げた模様。後で現場監督に聞くと「良くあること」？　とのことだった。

⑪材料の改善点……（1）外壁の貫通パイプ（エアコン、CP管用）、電線のすき間を黒色防水テープで塞ごうとしているが、木ずれ（平面）＋CP管（円柱）＋電線束をテープ（平面）で塞ぐことに無理がある。後で剥がれている。

（2）窓サッシの側面を直方体の灰色シーリングテープで防水しようとしているが、断面が大きいため、ねじれたり、収縮したりして、不具合箇所が多い。

（3）内壁・天井裏の電線、サヤ管、エアコンパイプ周りに、断熱ウール材が充填されず、すき間がある箇所が多い。

⑫公的補助金の取得ミス……平成28年12月に発表された「エコ住宅への建替え補助金（住宅ストック循環支援事業）」の申請要項を我々に見せず数カ月放置し、締切間際になって申請したため要件不適合に気付くのが遅れ、補助金30万円を受けられなかった。値引きで対応してもらった。
⑬竣工図書に工事写真がない……着工時に竣工図書、竣工写真を提出するよう依頼し、現場でも修正前後の写真を後日提出するということだったが、竣工時に提出されたのは図面25枚のみ。証拠となる資料は提出したくないということか？　現在、作成した図面はすべてPDF竣工図として提出するよう交渉中。

⑥ご入居後の満足度、または問題点（ハウスメーカーのアフター対応など）

◆着工前と工事期間中に十分、詰めていたためか、大きな問題は起こっていません。強いて言えばクロス布が縮んですき間が出来た箇所があるぐらいでしょうか。それも、1年後のアフターケアで対処してもらうことになっています。1階のガス床暖房は月額費用も高くなく、冬にはエアコンが要らないほど重宝しています。

⑦家づくりの先輩として、これから家づくりを始める方への貴重なご意見をお願いします

◆設計段階では、注文住宅と言いながら、ハウスメーカーの準備した品揃えの中から選ぶことになり、それ以外の材料メーカー・商品を選ぼうとすると、価格が予想以上にアップします。設備メーカー（LIXIL等）のショールームへ足繁く行きましたが、ほとんど採用できませんでした。

また、設計段階では太陽光発電やインテリア・家具等を売り込まれ、どんどん契約金額が増えていく傾向があるので、施主は何が必須アイテムなのか、あるいは、上限額はいくらまでかを事前に決めておいたほうが良いように思います。

助言としては、設計段階が一番重要で、相手の設計者に言いくるめられないよう、事前に本やネットで勉強しておくことをお勧めします。私の場合、以下の4冊を流し読みし、住宅検査会社のブログ等を見て、専門用語と良く起きる不良個所を勉強しました。

①市村博（2014）　ハウスメーカーで後悔しない家を建てる技術　廣済堂出版
②家づくり後援会（2011）　木造住宅　工事チェック・ハンドブック　作品社
③大野隆司（2010）　住宅建築なんでも小事典　講談社ブルーバックス
④佐藤秀雄（2011）　家づくり必ず知っておきたいこと100　あさ出版

解体工事や外構工事については、ハウスメーカーの外注経費が高いのか、専門業者に別途依頼した方が半額程度になりました。専門業者も発注者の指示に従うので、ハウスメーカーに依頼すると我々の指示が専門業者に届かないかも知れません。

建築現場では、メーカーの工事監督がほとんど常駐せず（1週間に数回程度、計測・不具合箇所点検に来るぐらい）、管理は下請けに任せ切りという状態でした。

我々の場合は、現場の横の古家に仮住まいしていたので、我々が仮設トイレの清掃や現場の整理整頓を手伝っていました。その際、管理されていない一例として、トイレが満杯でも気付かず、材料（柱材）が雨ざらしでも放置して帰るということが起こっていて、工事監督がうんざりするぐらい我々が文句を言って丁度いいぐらいでした。

後で聞くと、うるさい施主には優秀な職人を回すそうですが、優秀な職人でさえ、その程度です。板前さんは魚と包丁を大事にすると言いますが、今の大工さんは道具を大事にしなくなったのでしょうか?

また、市村先生にお願いすることにした途端、ハウスメーカー・職人の態度がコロッと変わり我々の言うことも聞いてくれるようになり、作業も丁寧になったので、住宅検査会社にお願いするのは大変良かったと思っています。

■アンケート6 三井ホームで建てた男性

DATA

ハウスメーカー名 ◆ 三井ホーム
竣工時期 ◆ 2017年冬
住宅の仕様 ◆ 木造(ツーバイ)
階数 ◆ 3階
敷地面積 ◆ 110㎡
延べ床面積 ◆ 260㎡
見積金額 ◆ 8000万円
最終的な金額 ◆ 1億5000万円

①家づくりの動機

◆引越をきっかけとした新居設計

②検討したメーカーは何社でしょうか。差し支えなければ検討メーカー名もご記入ください

◆地元工務店（他社の悪口をしょっちゅう話す社長の自己愛的なところがいやだった）、積水ハウス（営業の人がやたらホームシアターを押してくるのに違和感を感じた）

③メーカー決定の決めてはなんでしょうか（○印をお願いします。複数回答可）

○設計提案力・○耐震性・○断熱性・気密性・価格・○担当営業の応対・○ブランド力

その他

④メーカーとの契約後、着工までに発生した問題点はありますか?

◆内装までは非常によかったが、外装の段階になると関わる人の質がひどく落ちた。

⑤着工後、お引渡しまでに発生した問題点はありますか?

◆上記のように、内装段階に入ってミスが色々と発生（一番大きな物は、ガレージの開閉シャッターの寸法を間違えて設計したため、やりなおしに時間がかかり、約束していた納期に間にあわなかった）。

⑥ご入居後の満足度、またはハウスメーカーのアフター対応など

◆ほぼ満足。アフター対応は人によって良さにばらつきがある。

⑦家づくりの先輩として、これから家づくりを始める方への貴重なご意見をお願いします

◆お世辞ではなく、インスペクターの市村先生のおかげでとても安心して、家造りの設計から完成まで取り組めた。外装からひどくなったが、市村先生にお願いしていなければ、内装や設計段階でも外装段階のような問題がいろいろと出てきたんだろうなと感じた。また、三井ホームには市村先生からの打診が最初にあったおかげで、とてもよい営業の人と設計士さんに出会えた。

というようなことから、市村先生のように信頼できるインスペクターの人に依頼するのはかかなり大事だと感じます（多の多くの人もそうだと思うが、注文主は建築に関して素人なので、どこでどのように手抜きや不備があるのか分からないのが不安）。その点、市村先生にお願いして本当によかった。

■アンケート7

セキスイハイムで建てた男性

①家づくりの動機

◆①もともと団地に住んでいたが、子供の成長に伴い手狭になってきました。
②妻のご両親が高齢になってきたため、今後の世話を考慮に入れたら、一緒に住むか、近くに住んだほうがよいと考えました。しかし、ご両親が2世代住宅に抵抗感を感じたため、せめて同じ地域に家を購入することにしました。
③探している地域では築40年以上の家がほとんどなので、最初は中古で購入し、リフォームするつもりでした。実際数件内覧したところ、耐震性に大きな問題を抱える家が多かったので、解体して新築することにしました（内覧した家のうち、自費で建築士に耐震診断を依頼したのもありました。震度6弱くらいで倒壊する可能性があるというとても悪い結果が出ました）。

DATA

ハウスメーカー名 ◆ セキスイハイム

竣工時期 ◆ 2016年冬

住宅の仕様 ◆ 軽量鉄骨ユニット

階数 ◆ 2階

敷地面積 ◆ 231㎡

延べ床面積 ◆ 118㎡

見積金額 ◆
①家本体(太陽光、付帯工事、工事諸経費含む):税込2862万円
②解体費用:税込140万円
③外構費用:税込350万円(1・8メートルの高台に建っているため、擁壁、階段、駐車場を作り直した)
④諸費用(火災保険、長期優良住宅申請料、融資手数料など):134万円
建物購入費用合計:3486万円(税込)
土地購入費用合計:1370万円(地元の不動産会社経由で購入)
総額:4856万円

最終的な金額 ◆
①家本体:税込2910万円(45万円UP。契約後、ダウンライト、造作収納、エアコン隠蔽配管を追加したため)
②解体費用:税込140万円
③外構費用:税込350万円
④諸費用(火災保険、長期優良住宅申請料、融資手数料など):134万円
建物購入費用合計:3534万円
土地購入費用合計:1370万円
総額:4904万円

②検討したメーカーは何社でしょうか。差し支えなければ検討メーカー名もご記入ください

◆セキスイハイム、ヘーベルハウス、トヨタホーム、サンヨーホームズの4社です。

③メーカー決定の決めてはなんでしょうか(○印をお願いします。複数回答可)

設計提案力・耐震性・断熱性・気密性・価格・担当営業の応対・ブランド力

その他　◆タイル外壁のメンテナンス性

④メーカーとの契約後、着工までに発生した問題点はありますか？

◆特にありませんでした。

⑤着工後、お引渡しまでに発生した問題点はありますか？

◆現場監督の方は、同時に多くの現場を担当していたためか、細かいところまで目を配っていませんでした。そのせいか、基礎工事の際、レディーミクストコンクリートの納品書に記載された住所と氏名が現地情報と異なっていました。

後で確認したところ、コンクリート自体の配合内容ではなく、伝票の記載ミスということでしたので、大事には至りませんでした。その他は大きな問題はありませんでした。

⑥ご入居後の満足度、または問題点（ハウスメーカーのアフター対応など）

◆建物は特に問題ありませんでした。花粉症の時期に、第一種換気の快適エアリーは想像以上に活躍しています。また、アフターサービスをご担当いただいている方はとても丁寧かつ真摯に対応してくださっています（引き渡しから2年点検までずっと同じ方に担当していただいています）。こちらからの依頼に対しすべて対応してくださる上に、メンテナンスや補修方法も教えてくださいました。

⑦家づくりの先輩として、これから家づくりを始める方への貴重なご意見をお願いします

◆①後悔がないように、土地や建築に関して、事前に十分な知識を身に着けておいたほうがよいと考えます。建物に関する知識が今後、家のメンテナンスなどにもつながりますので、無駄になることはありません。メーカーのほうでは、各種カタログやテクノロジー本がそろっているので、事前に読んでおいたほうがよいでしょう。

②間取り、照明、コンセントの配置などを考える際、3Dホームデザイナーなどのシミュレーションソフトであらかじめ確認しておいたほうが、より想像しているイメージに近づけられるかもしれません。

③建てて終わりではなく、長期的な修繕計画も最初から念頭に入れておいたほうがいいと考えています（メーカーにもよりますが、長期に渡るメンテナンスプログラムなどは入手可能です）。

④メーカー、建築確認検査機関に加え、更に第三者監理も活用したほうが、トリプルチェックという観点からより良い結果が生まれるのではないかと考えます。第三者監理機関はメーカーとは対立関係ではなく、お互いに結果を高めあう相補的な存在だと考えています。

「実際にインスペクションした家」のリアル情報（検査記録簿）

私たちがインスペクションした大手ハウスメーカーの家の実例の一部をお届けします。現場によって品質にバラツキはありますので、この実例がすべてとは言えませんが、実際にあった現場であることは間違いありません。

インスペクション実例①　住友不動産（ツーバイフォー）

■基礎工事

木造低層住宅の一般的な逆べたシングル配筋の基礎仕様です。特殊な工事工程や作業手順はなく、一般的な基礎職人でも対応可能なため、大きな問題が起こる可能性は低いですが、逆に言えば、一般の工務店や建売の仕事を受けている基礎職人でも施工が可能なため、職人の腕による品質のバラツキは気になります。

検査では、基礎配筋時での指摘が最も多い

「かぶり厚さ不足」が目立ちます。これは基礎の耐久性に直結する項目ですが、住友不動産の検査体制に不安が残ります。

前ページの写真は鉄筋の下側寸法が最低60㎜必要な箇所ですが、寸法不足を指摘しているものです。

写真のように釘の打ち忘れはもってのほかだが、しばしば現場で指摘をしているのが実情

建て方時の降雨は、写真のように正直に数値化されますから注意が必要

■上棟工事

構造躯体は、一般的なツーバイフォーです。基礎とも共通になりますが、職人による腕のバラツキに関しては若干不安が残ります。

構造躯体を面で構成し、箱のような概念をもつツーバイフォーでは、面の固定・施工が重要な管理項目になります。

また、大手ハウスメーカーの木造全般に言えることですが、住友不動産も含水率の管理に注意をはらっている様子は感じられません。

■防水工事

防水紙は遮熱タイプの防水紙を使用し、貫通部の防水はコーキング（隙間の充填処理）頼り

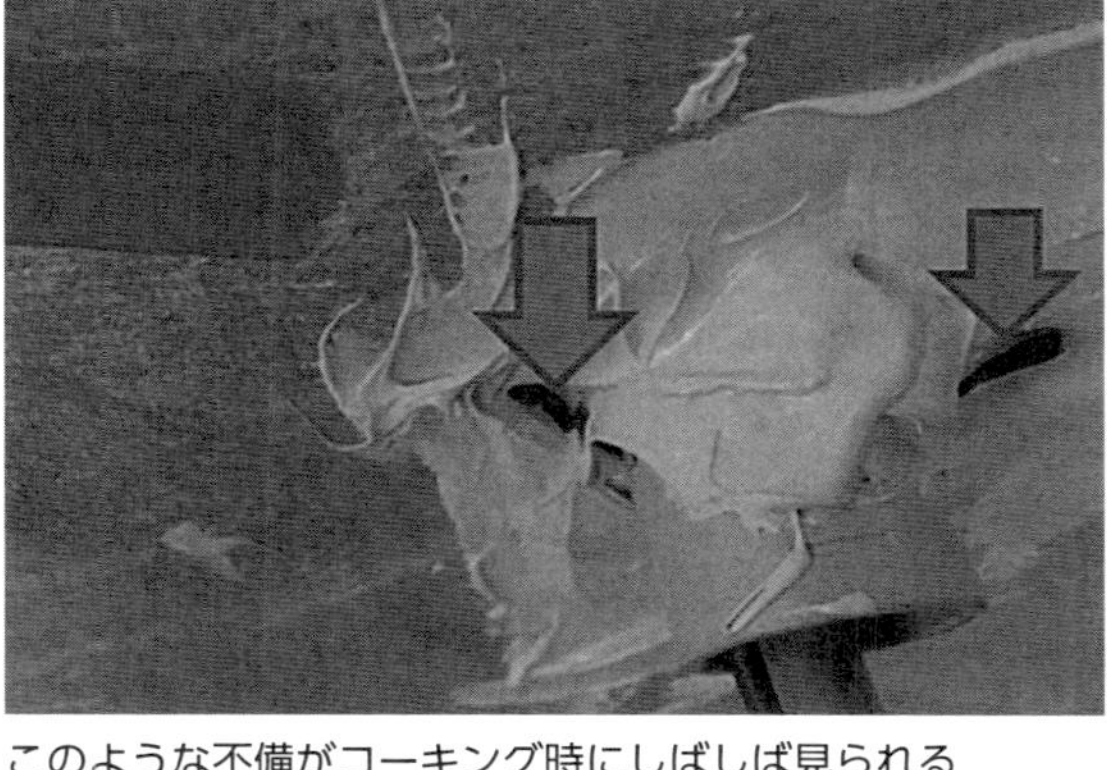

このような不備がコーキング時にしばしば見られる

です。

検査時には、コーキングのピンホール（コーキング充填不足や破断など）の指摘は、日常的にあると言っても過言ではありません。

■その他

ツーバイフォーは、フレーミング工事（構造の組み立て）と、内部造作工事（間仕切り壁や床を貼る木工事）の職人が別になります。

責任の所在が曖昧なケースが多く、木工事の品質管理が在来工法よりも難しい面もあるので、仕上げ品質には注意を要します。

インスペクション実例②

一条工務店（木質パネル工法）

■建て方工事

特筆すべきは、複合パネル（内部は断熱材を施工済・外部は一部の外壁タイルまで施工済）です。

写真（上）は断熱材の様子。目立った断熱欠損はなく、精度は良好のようです。しかしながら、工場制作によるパネル施工で、「構造欠損」と「降雨時の品質管理」が気になります。

雨養生が難しい工法のため、雨が

含水率計の測定超え「HI　%」表示になってしまった様子

降れば構造躯体の内部に浸水し、含水率が大幅に超過するケースがしばしば見受けられるからです。

また、電気の配線を通すために、構造体を切り欠いて出荷している仕様なので、現場によってきちんと構造の補強など適切な装置がとられているかという疑義が残ります。

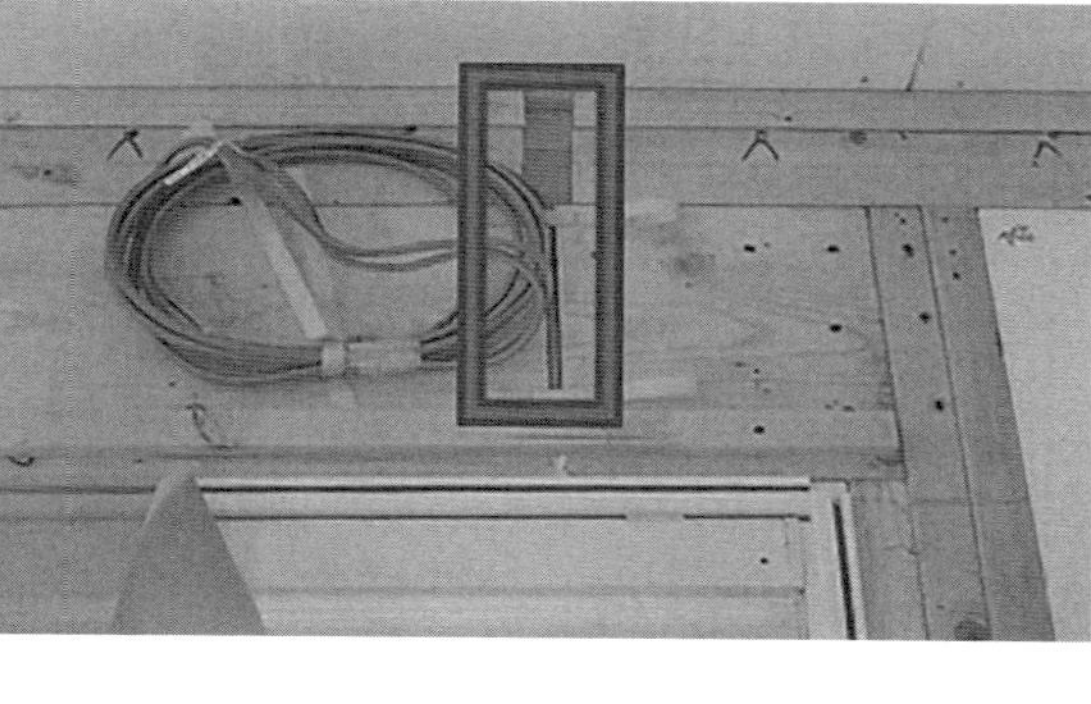

写真は、窓上の「まぐさ」と「上枠」、「頭つなぎ」といった構造材が切断されている個所を指摘したものです。このようなことがありますから、現場での検査、管理がきちんとできていないと、大変なことになりそうです。

■防水工事

外壁の貫通部に関しては、一条工務店もコーキング処理となっています。他社同様に、やはりコーキングの切れ（写真）など隙間が指摘事項として挙げられます。

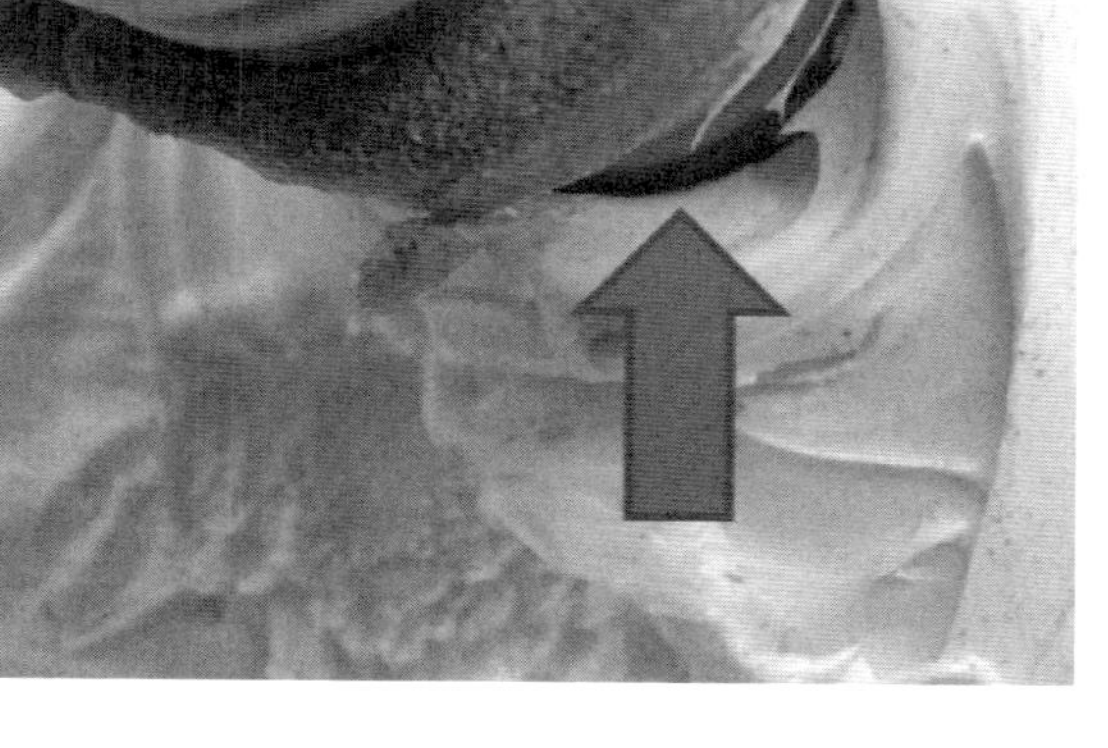

■その他

より規模の大きいハウスメーカーと比較すると、傷や汚れが多く目につくように思います。

写真は、完成検査時のサッシの傷です。工事中、さまざまな工種の職人が出入りする建築現場ですから、安全や清掃のルール徹底が今一歩なのかな？　という印象を受けます。

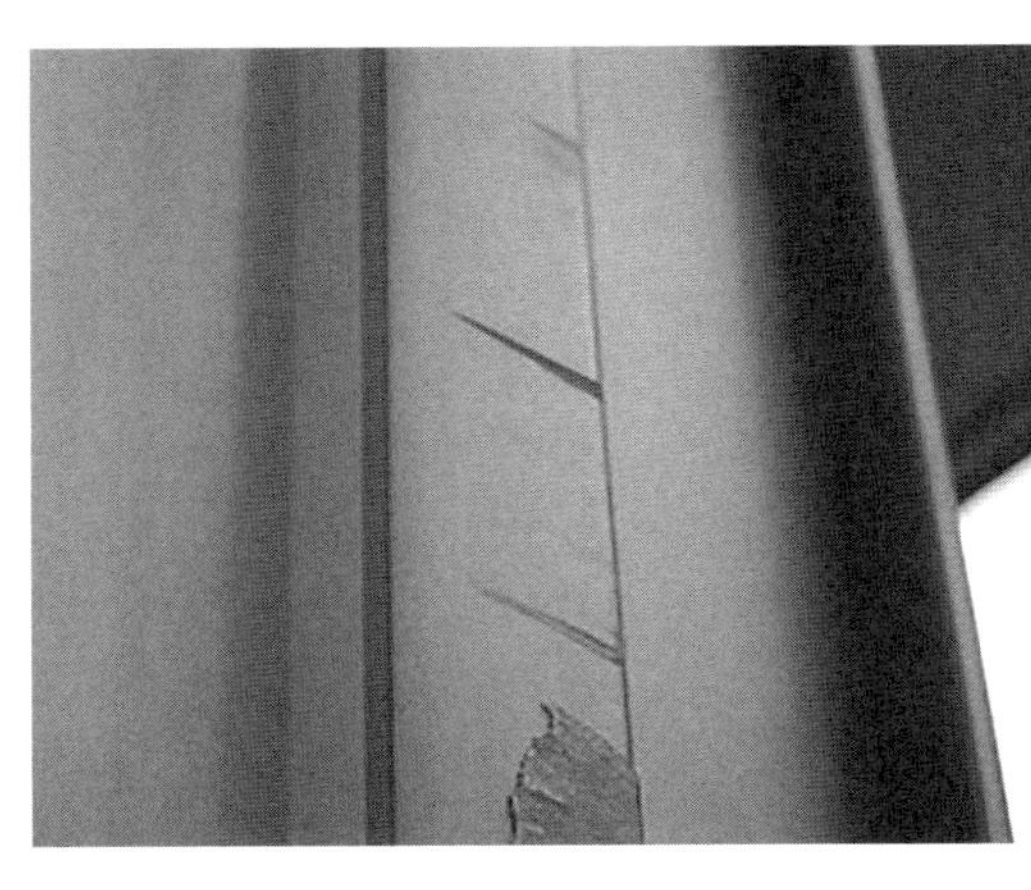

インスペクション実例③

ミサワホーム（木質パネル工法）

■基礎工事

一般的な逆べたシングル配筋です。基礎の高さを管理するのにＢＭ（ベンチマーク）と言って、不動なものを高さの基準として設定するのですが、この検査案件では設計のＢＭ指示が曖昧で、高さが測れないケースがありました。

次ページ写真（上）のように、やむを得ず道路にテープを貼り、「ここから計測してください」ということでしたが、こういう管理体制には疑問が残ります。

ＢＭに対する配慮や注意が少ないのは、設計事務所案件では多く目にしますが、「デザイン寄りなハウスメーカーの体質」というものが、こういった部分でも分かります。

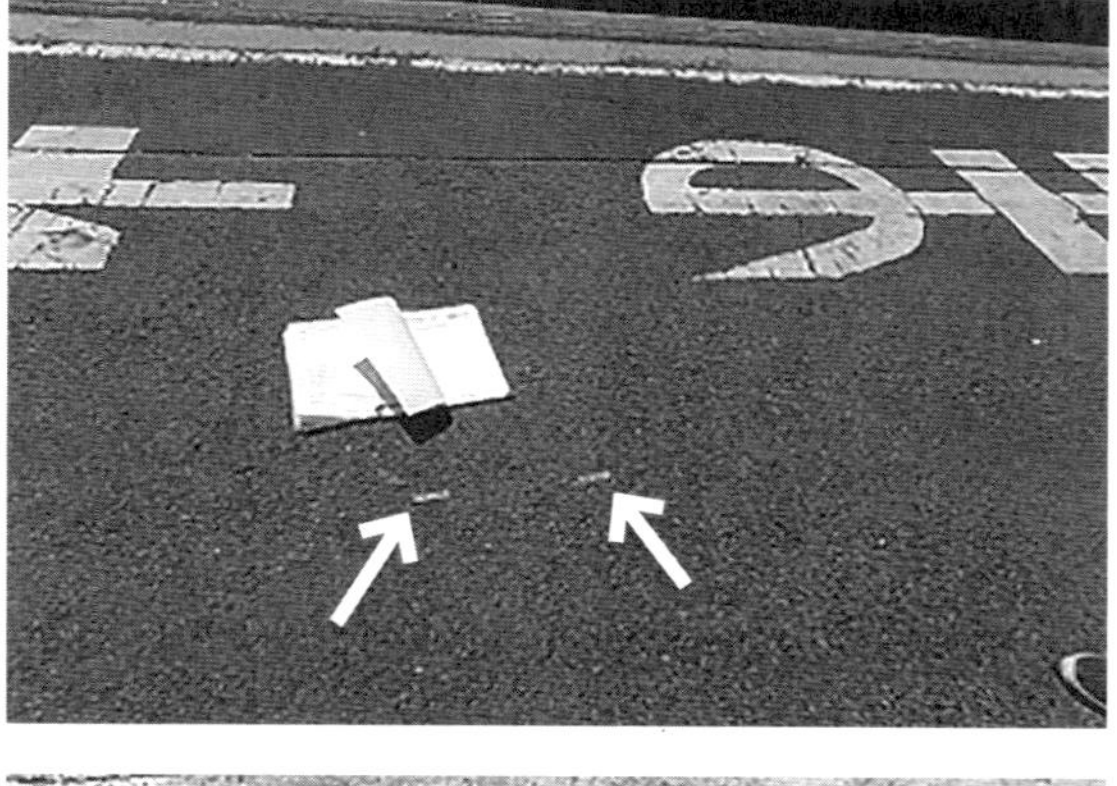

現場の指摘事項として最も多い、鉄筋のかぶり厚不足も見受けられた

■建て方工事

構造躯体は自慢の「木質パネル接着工法」であり、基礎の高さをきちんと管理して丁寧に施工すれば、この現場の写真のように躯体の水平・垂直精度は良好のようです。

しかしながら、先の本文でも紹介しましたが、パネル緊結部分の「ボルト締め」「断熱施工」などを雑な職人が行った場合には、途端に欠陥住宅になりかねませんので、注意が必要です。

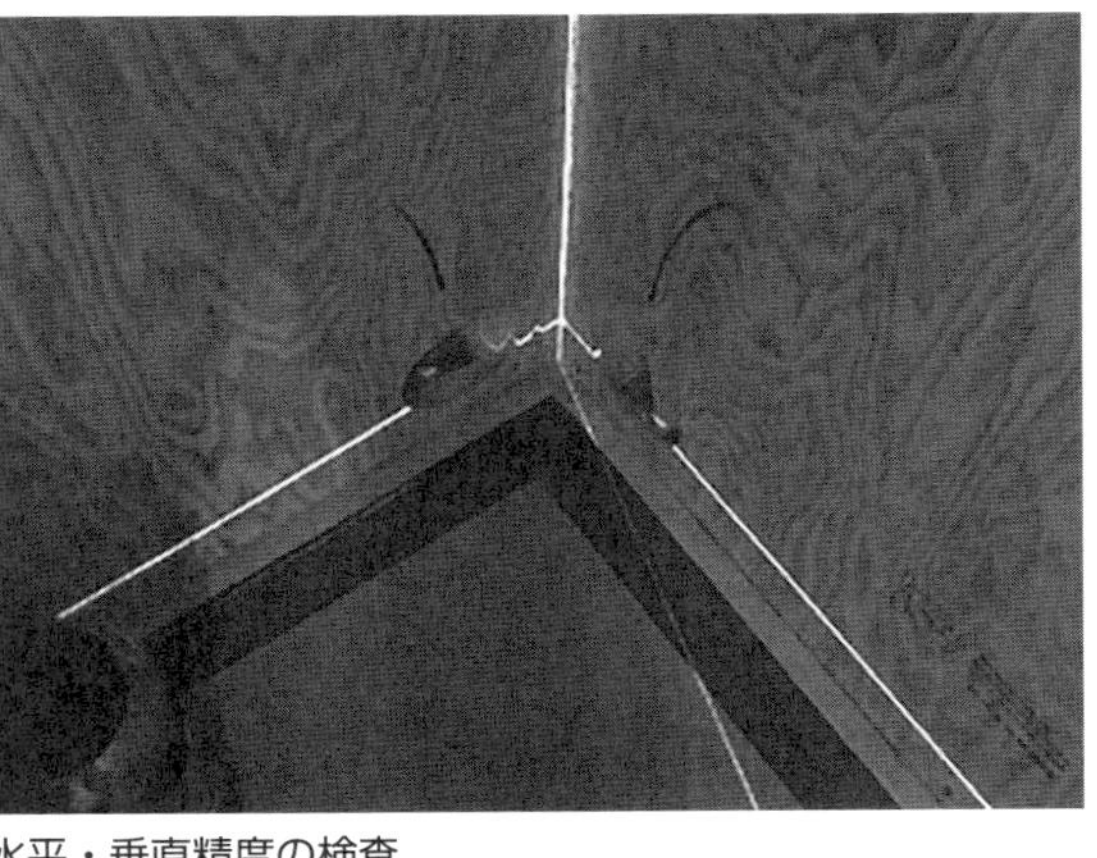

水平・垂直精度の検査

■その他

職人任せになってしまいがちな工種や工程は、現場の検査や管理がきちんとできていないと、ミスが放置されたまま進んでしまいます。

ボルト締めの検査

次ページのような写真は、まさにそのような指摘事項と言ったところでしょうか。

内部造作工事の石膏ボードのビス打ち忘れ

タイルの浮きが目立つ

インスペクション実例④ 三菱地所ホーム（ツーバイフォー）

■基礎工事

ツーバイフォーの三菱地所ホームも、基礎は一般的な逆べたシングル配筋が多いようです。

ツーバイフォーは耐力壁という、水平力に抵抗する強い壁を計画します。その耐力壁の下は基礎につながりますが、その基礎の立ち上がり部分に問題が起こりがちです。

耐力壁の配置を基礎図面を見ながらきちんと計画しないと、基礎立ち上がり部分が多すぎて鉄筋本数が過剰になり、適正に組めなくなるケースを見かけます。

写真（上）のような鉄筋の組み方では、コンクリー

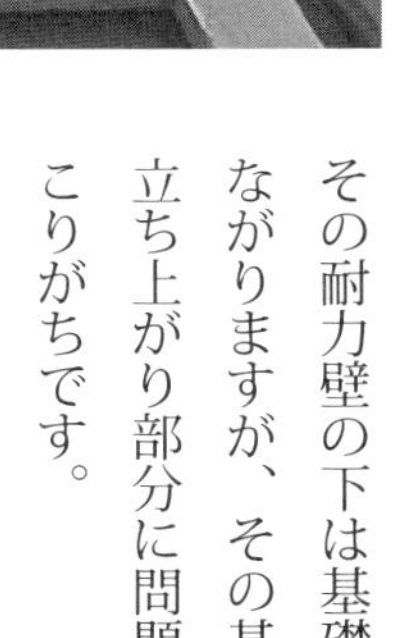

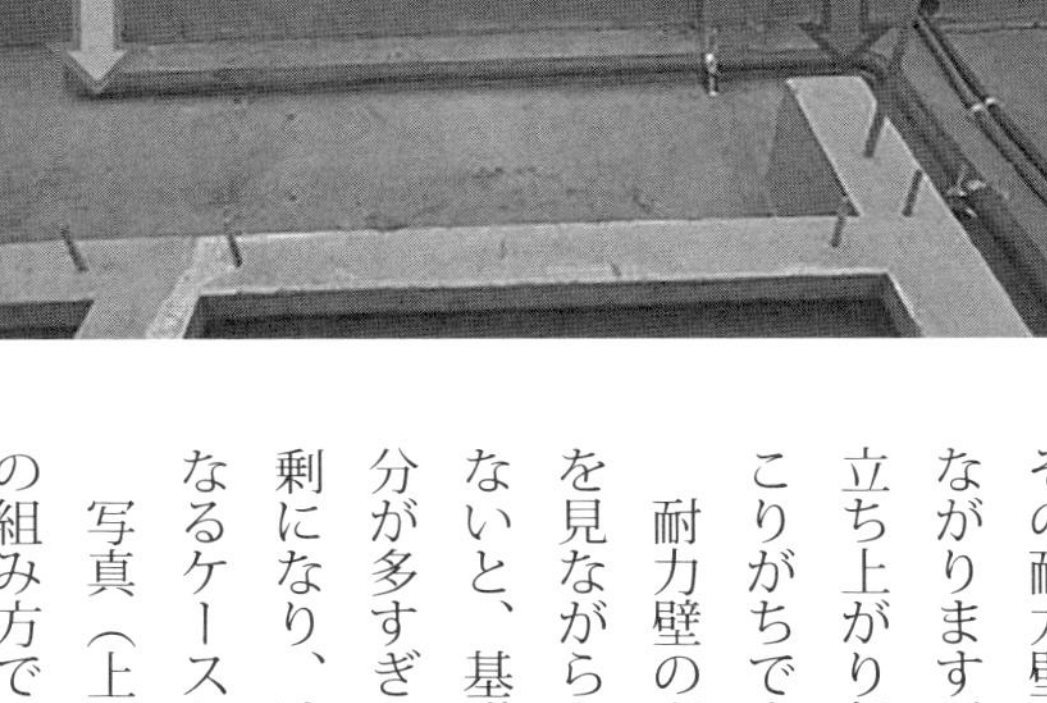

トが回り込むスペースがないので、空隙が発生し、基礎の構造欠陥を招いてしまうので注意が必要です。

前ページの写真（下）は、基礎完成時のものです。

排水管の勾配（傾斜）が緩く、このままでは汚水が流れにくくなってしまいます。

設備業者の工種などは、現場監督が設備業者任せにしてノーチェックなケースも多いため、このようなことがしばしば見受けられます。

■建て方工事

ツーバイフォーの宿命ですが、この検査案件も含水率オーバーでした。大手ハウスメーカーでもきちんと含水率管理を実施している会社は皆無ですが、本来は非常に重大な管理項目です。

乾燥を待ち、次の工程に進めば全く問題はないのですが、その「待つ時間」を、ハウスメーカーが嫌う傾向にあるため、このような指摘は毎度と言っていいほどです。

含水率超過の場合には、乾燥を強制的に促す手法もあります。写真（次ページ上段）は、ジェットヒーターという機器を使用し、水分を乾燥させる手法です。

含水率オーバーの現場は非常に多い

■断熱工事

充填式のロックウールを標準仕様としています。

綿のようなロックウール断熱材の施工はデリケートで、しっかり充填されているかどうかは大切な管理項目の一つです。

写真(下段)はサーモカメラによる撮影ですが、温度変化による断熱材施工不良が見て取れます。

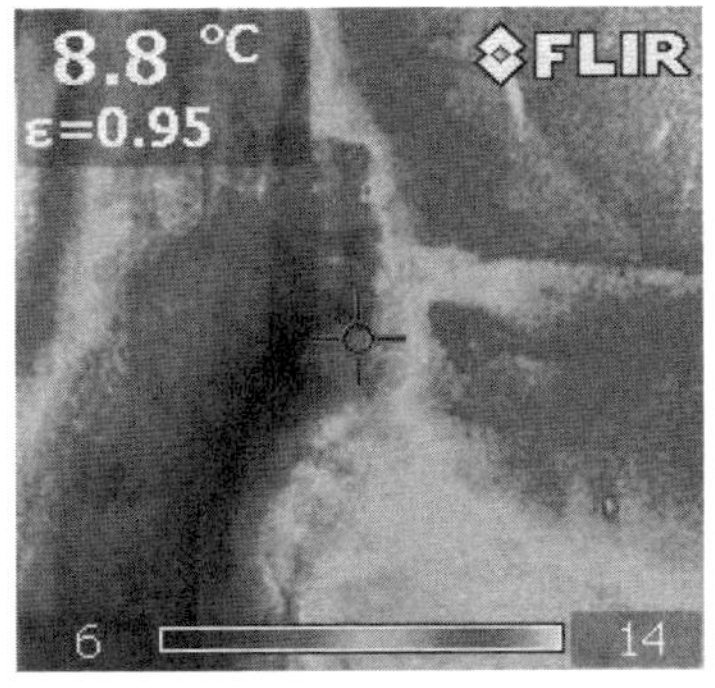

■その他

契約や着工棟数を平準化できる大手なら、ある程度の職人を「囲い込む」ことが可能ですが、そうではない会社の場合、繁忙期には地方から「応援職人」を呼び、引き渡し完工数を上げることが宿命になります。

このような「応援職人」は、一般的に「季節工」と呼ばれ、責任の所在が曖昧なケースが多々あります。特に、木造業界では大工不足が深刻で、造作工事（間仕切り壁、床張り、棚作成など）の人出が不足がちですから、無責任な季節工が現場を担当すると、仕上がり品質に大きな問題が出てきます。

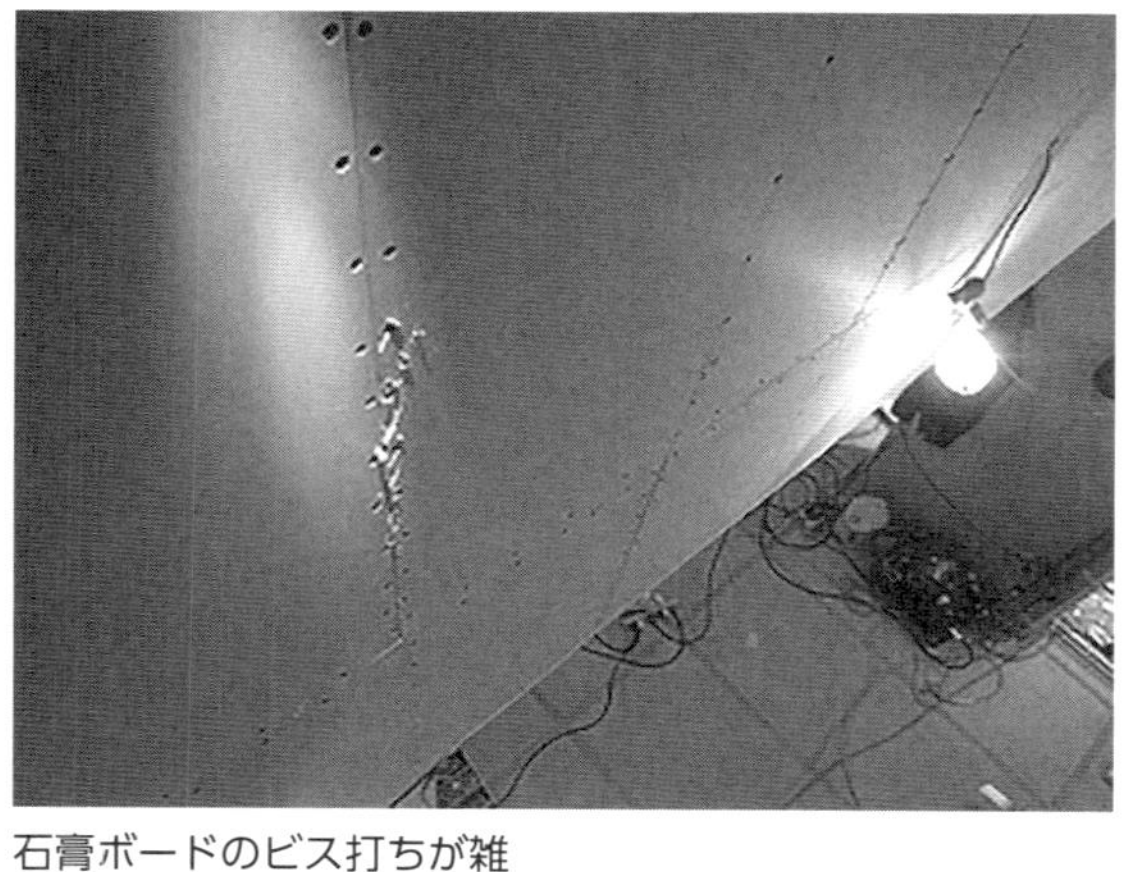

石膏ボードのビス打ちが雑

こちらはビスそのものの打ち忘れ

ハウスメーカー別リアル情報!

「実際に建てた人」へのアンケート & 「実際にインスペクションした家」の実例

袋とじ！

ハウスメーカー別リアル情報！

「実際に建てた人」へのアンケート＆「実際にインスペクションした家」の実例

袋とじ！ ハウスメーカー別リアル情報！ 「実際に建てた人」へのアンケート＆「実際にインスペクションした家」の実例